DIE 100 BESTEN REZEPTE AUS ALLER WELT

AUFLÄUFE

Soufflés & Gratins

AUSGEWÄHLT VON CHRISTIAN TEUBNER

DIE 100
BESTEN REZEPTE
AUS ALLER WELT

AUFLÄUFE
Soufflés & Gratins

AUSGEWÄHLT VON CHRISTIAN TEUBNER

TEUBNER EDITION

Inhalt

DIE REZEPTE SIND, WENN NICHT ANDERS ANGEGEBEN, FÜR 4 PORTIONEN BERECHNET.

3. Aufläufe, Soufflés und Gratins DIE AUS DEM OFEN KOMMEN

Aufläufe, Soufflés und Gratins sind in den Küchen vieler Länder der Erde heimisch. Gemeinsam ist den dreien, daß sie in feuerfesten Formen und ohne Deckel im Ofen gegart werden. Überall dort, wo der Ofen von alters her als Kochstelle dient, kennt man sie in unzähligen Variationen. Das erklärt auch, warum in Asien diese Garmethode wenig verbreitet ist. Eine besondere Bedeutung haben Ofengerichte zudem in Regionen, in denen Eier, Milch und Käse ganz selbstverständlich zum Küchenalltag gehören.
Herzhafte Aufläufe und knusprig überbackene Gratins bereichern den Speiseplan und sind einfach zuzubereiten. Der Phantasie des Kochs sind dabei keine Grenzen gesetzt. Auch Soufflés gelingen leicht, wenn man sich genau an die Arbeitsanleitungen hält. Denn im Gegensatz zu Aufläufen und Gratins, die in den Zutaten und in der Zubereitung so vielfältig sind, daß kein Basisrezept angegeben werden kann, gibt es bei Soufflés ein Grundrezept. Hauptbestandteile sind in jedem Fall eine geschmackstragende Béchamelsauce und steifgeschlagenes Eiweiß.
Auf den Tisch kommen Aufläufe, Soufflés und Gratins als Vorspeise, Hauptgericht oder Dessert. Die Formen dafür gibt es in unterschiedlichen Größen und Höhen. Auflauf- und Gratinformen haben einen leicht geneigten Rand, Souffléformen müssen dagegen einen absolut senkrechten, innen glattwandigen Rand aufweisen, damit die Masse gut aufgehen kann.

Der Auflauf

OB SÜSS ODER DEFTIG – AUFLAUFGERICHTE SIND SEHR VIELFÄLTIG UND EIGNEN SICH IDEAL ZUR RESTEVERWERTUNG.

Aufläufe sind üppige Gerichte, die eine ganze Mahlzeit gestalten können. Hinein kommt, was gerade frisch am Markt oder vom Vortag noch im Kühlschrank ist. Die Kombinationsmöglichkeiten sind groß, Fleisch oder Fisch kommt zusammen mit Nudeln, Kartoffeln oder Reis in die Form und natürlich mit viel Gemüse. Aufläufe – herzhaft oder süß, das ist letztlich nur eine Frage des Geschmacks.

Die Zutaten für einen Auflauf werden in der Regel vorgegart, bevor sie in die Form kommen. Da sie von unterschiedlicher Struktur sind, müssen sie in ihren Vorgarzeiten aufeinander abgestimmt sein. Fleisch wird kurz angebraten oder geschmort, Kartoffeln werden meist, Nudeln und Reis immer vorgekocht. Gemüse wird blanchiert oder gedünstet, muß jedoch gut abgetropfen, damit sich nicht zu viel Flüssigkeit am Boden der Form sammelt. Zutaten mit kurzer Garzeit wie Fische und Meeresfrüchte sowie Beeren und Früchte für süße Aufläufe kommen immer roh dazu. Die Zutaten werden ansprechend in die Form eingeschichtet und jede Schicht nochmals leicht gewürzt. Ein Guß, der beim Backen »aufläuft«, seinen zarten Schmelz entwickelt und alles gut umhüllt, sorgt dafür, daß sich die Schichten miteinander verbinden. Je nach Rezept enthält der Guß Eier, Milch, Sahne oder Crème fraîche und geriebenen Käse. Und wenn dann noch ein paar Butterflöckchen aufgesetzt werden, bekommt der Auflauf eine richtig schöne Farbe.

Die Höhe der Auflaufform richtet sich nach der Menge der verwendeten Zutaten, das Material – Steingut, Glas oder Porzellan – ist nur eine Frage der Optik. Bei Öfen mit Ober- und Unterhitze werden Aufläufe auf die untere Schiene eingeschoben, damit der Eierguß gut »auflaufen« kann und die Oberfläche nicht zu schnell bräunt. Gerät sie dennoch zu dunkel, wird der Auflauf mit Alufolie oder Pergamentpapier abgedeckt.

Viel frisches Gemüse, Fisch und Fleisch sind neben Nudeln, Kartoffeln oder Reis wichtige Zutaten für herzhafte Auflaufgerichte. Sie können immer wieder neu kombiniert werden. Zusätzlichen Geschmack bringen frisch geerntete Kräuter, und abgerundet wird ein Auflauf meist mit einem Guß aus Eiern, Sahne oder Milch und Käse, der für die richtige Kruste sorgt.

Das Käsesoufflé ist fertig, wenn es kräftig gebräunt und hoch aufgegangen ist und wenn die Risse in der Kruste nicht mehr feucht glänzen.

Das Soufflé

LEICHT UND LUFTIG BLÄST ES SICH BEIM BACKEN AUF. DAFÜR SORGT DER HOHE ANTEIL AN FRISCH GESCHLAGENEM EIWEISS.

Am Beispiel eines Käsesoufflés, wie es in Frankreich ganz selbstverständlich zum Küchenalltag gehört, wird die Grundzubereitung eines Soufflés detailliert gezeigt.

Für das Käsesoufflé:
60 g Butter, 30 g Mehl, 1/4 l Milch
1/2 TL Salz, frisch gemahlener Pfeffer
etwas geriebene Muskatnuß, 4 EL Sahne, 5 Eigelbe
150 g frisch geriebener alter Gouda oder Gruyère
5 Eiweiße
Außerdem:
zerlassene, fast kalte Butter und Mehl für die Form

Eine Souffléform von 1 l Inhalt mit zerlassener Butter ausfetten, mit Mehl ausstreuen, das überschüssige Mehl ausschütten. Das Soufflé zubereiten, wie gezeigt. Da Soufflés weder Zugluft noch Wartezeit vertragen, den Ofen während des Backens nicht öffnen und sofort nach dem Herausnehmen servieren, denn jedes Soufflé fällt nach 3 bis 5 Minuten wieder in sich zusammen.

Die Butter zerlassen, das Mehl auf einmal zuschütten und unter Rühren bei geringer Hitze 2 bis 3 Minuten farblos anschwitzen.

Die Milch nach und nach zugießen und glattrühren. Salzen, pfeffern und mit Muskat würzen. Aufkochen, 15 Minuten köcheln lassen.

Mit dem Schneebesen am Topfboden entlangfahren, um ein Ansetzen der Masse zu verhindern. Die Sahne zugießen.

Vom Herd nehmen und die Eigelbe nacheinander unterrühren. Erst wenn ein Eigelb ganz untergemischt ist, das nächste zugeben.

Den geriebenen Käse unterrühren. Die Masse in eine Rührschüssel umfüllen und etwas abkühlen lassen.

Die Eiweiße zu steifem Schnee schlagen und mit einem Holzspatel vorsichtig unter die noch lauwarme Käsesauce heben.

Die Form zu 2/3 ihrer Höhe füllen und bei 180 °C im vorgeheizten Ofen auf der untersten Schiene 20 Minuten, bei 200 °C weitere 20 bis 25 Minuten backen.

Gratinieren – knusprig überbacken

DIE FEINE ART, EIN GERICHT ZU VEREDELN. DIE SCHÖNE KRUSTE ERHÄLT DAS GRATIN, WENN ES BEI STARKER OBERHITZE IM OFEN GEGART WIRD.

Beim Gratin sind die Zutaten meist vorgegart und können vielseitig miteinander kombiniert werden. Gemüsegratins eignen sich hervorragend als Beilage, und Fisch oder Fleisch bleiben unter einer knusprigen Decke schön saftig. Ihre goldgelbe Kruste erhalten gratinierte Gerichte entweder durch eine Sauce, mit der sie überbacken werden – das kann eine Béchamel oder, wenn diese noch Käse enthält, eine Sauce Mornay sein – oder durch das Aufstreuen einer Mischung von Semmelbröseln und geriebenem Käse.

Für die Sauce Mornay:
25 g Butter, 30 g Mehl
1/2 l Milch
Salz, frisch gemahlener Pfeffer
frisch geriebene Muskatnuß
1 Eigelb, 100 ml Sahne
30 g frisch geriebener Hartkäse
1 bis 2 EL geschlagene Sahne

Die Sauce Mornay zubereiten, wie gezeigt. Sie läßt sich übrigens gut im voraus zubereiten. Weil die Sauce beim Erkalten jedoch dickflüssiger wird, muß sie vor ihrer Verwendung nochmals langsam erhitzt werden. Als Käse kommen Hartkäse wie etwa Gruyère oder Parmesan in Frage.

Die Butter zerlassen, das Mehl einstreuen und unter ständigem Rühren 1 bis 2 Minuten farblos anschwitzen.

Die Milch zugießen, glattrühren, mit Salz, Pfeffer und Muskatnuß würzen. Etwa 20 Minuten unter Rühren köcheln lassen.

Das Eigelb mit der Sahne verquirlen und die Sauce damit legieren. Unter ständigem Rühren einmal kräftig aufkochen lassen.

Die Sauce durch ein feines Sieb passieren, um eventuell entstandene Klümpchen herauszufiltern. Nochmals erhitzen.

Den Käse einstreuen und unter Rühren schmelzen. Zuletzt die geschlagene Sahne vorsichtig unterheben.

Gratins brauchen zum Überbacken meist eine Sauce. Häufig wird eine Béchamel oder eine Sauce Mornay verwendet.

Eier, Milch und Käse

NUR FRISCHE UND BESTE ZUTATEN GARANTIEREN BEI AUFLÄUFEN, SOUFFLÉS UND GRATINS DEN ERFOLG.

Bei Eiern, Milch und Sahne ist Frische oberstes Gebot. Beim Käse – der für die meisten Aufläufe und Gratins gebraucht wird – muß aus dem großen Angebot am Markt die richtige Wahl getroffen werden. Denn vom richtigen Käse, von seinem Geschmack, seinem Fettgehalt und seiner Schmelzfähigkeit hängt es ab, ob das Gericht gelingt oder nicht. Ob Auflauf, Soufflé oder Gratin – allen dreien ist gemeinsam, daß bei ihrer Herstellung Eier und Milchprodukte verwendet werden. Die Eier geben dem Soufflé seine Luftigkeit, oder sie binden die Flüssigkeit in süßen und salzigen Aufläufen. In Kombination mit Milch oder Sahne werden sie zu einer Royale – so der küchentechnisch korrekte Ausdruck – verrührt, mit der viele Auflaufgerichte übergossen werden. Eier der Güteklasse A und der Gewichtsklasse 3 (60 bis 65 g) entsprechen den Rezeptangaben in diesem Buch. Zum Backen und Überbacken eignen sich zahlreiche Käsesorten. Die nebenstehende Abbildung zeigt eine Auswahl von Käsen, die in den Rezepten Verwendung finden. Welcher für die einzelnen Gerichte in Frage kommt, hängt ganz von der Eigenheit des Käses und dem gewünschten Resultat ab, ob ein eher würziger oder milder Geschmack erreicht werden soll, ob das Gratin knuspriger oder weicher ausfallen soll. Regionale Spezialitäten sollten, wenn möglich, mit einem Käse aus der Gegend zubereitet werden. Verlangt ein Rezept nach geriebenem Käse, sollte dieser immer erst vor Gebrauch frisch gerieben werden.

1) Pecorino toscano. Mittelreif eignet er sich mit seiner leichten Süße für mild gewürzte Gratins. **2) Parmigiano-Reggiano.** Durch den geringen Fettgehalt schmilzt er sehr langsam und garantiert so beim Gratinieren eine krümelige Kruste. **3) Mimolette vieille.** Alter Schnittkäse mit viel Geschmack zum Würzen von Käsesaucen oder zum Überbacken. **4) Montasio mezzano.** Mittelalter Schnittkäse aus Oberitalien, würzig und ideal zum Gratinieren. **5) Holländischer Gouda, mittelalt.** Preiswerter Schnittkäse für Saucen und zum Überbacken. **6) Emmentaler.** Je nach Alter mild bis pikant. Für Käsesaucen. Beim Gratinieren schmilzt er stark. **7) Pyrenäenkäse aus Schafmilch.** Mit seinen 45 % F.i.Tr. hat er einen zarten Schmelz. **8) Pecorino fiore sardo.** Weißlich-gelber Hartkäse, der mit zunehmender Reife fest bis hart und pikant bis scharf wird. **9) Fontina.** Leicht schmelzender Rohmilch-Käse mit würzig-süßlichem Aroma. **10) Cheddar.** Traditioneller englischer Käse mit mindestens 48 % F.i.Tr. **11) Alter Gouda.** Über 2 Jahre alter Käse aus Holland, würzig bis pikant. **12) Kaşar peyniri.** Feinkörniger Knetkäse aus der Türkei. **13) Tilsiter.** Würziger Schnittkäse aus Deutschland. **14) Schweizer Tilsiter.** Würzig, feinschmelzend. **15) Pyrenäenkäse aus Kuhmilch.** Halbharter Schnittkäse. **16) Provolone.** Gebrühter Knetkäse aus Italien, von mild bis pikant.
17) Feta. Halbfester bis weicher Schafmilchkäse aus Griechenland, in Lake eingelegt. **18) Manchego.** Spanischer Hartkäse aus Schafmilch. **19) Greyerzer, Gruyère.** Mit seinem kräftigen Aroma ideal zum Gratinieren.
20) Tomme de Savoie. Französische Spezialität aus Savoyen mit typischem grauen Schimmelüberzug.
21) Roquefort. Blauschimmelkäse mit charakteristischem Aroma. **22) Fourme d'Ambert.** Geschmacklich ausgeprägter Edelpilzkäse. **23) Blue Stilton.** Englischer Blauschimmelkäse. **24) Appenzeller.** Schweizer Rohmilchkäse mit markantem Geschmack. **25) Gorgonzola.** Klassischer Blauschimmelkäse aus Italien. **26) Mozzarella aus Kuhmilch.** Zartschmelzend. **27) Valençay.** Mildes Ziegenmilcharoma. **28) Ziegenfrischkäse,** ungereift.

Bacalhau ao forno

IN DIESEM TYPISCH PORTUGIESISCHEN GERICHT AUS DEM OFEN WIRD DER KLIPPFISCH ZUR DELIKATESSE.

Jahr für Jahr laufen Schiffe der portugiesischen Fangflotte aus, um im hohen Norden, in den kalten Gewässern des Nordatlantiks, den begehrten Kabeljau oder andere Vertreter aus der Familie der Dorsche zu fangen. Noch an Bord werden die Fische gesalzen, bevor sie nach einer langen Reise von 6 Monaten in der heißen portugiesischen Sonne getrocknet werden. Auf diese Weise konserviert, ist der Fisch Grundlage für zahlreiche Rezepte überall auf der iberischen Halbinsel. Hier wird daraus ein saftiger Auflauf, für den zum Überbacken ein Hartkäse aus der Region Verwendung findet, zum Beispiel ein Queijo Serra da Estrêla; ebensogut paßt aber auch ein spanischer Manchego dazu.

Klippfisch und reichlich Gemüse verstecken sich unter der delikaten Eier-Käse-Mischung: ein typisches Beispiel der einfachen, ländlich geprägten portugiesischen Küche.

600 g Klippfisch
1 Knoblauchzehe
200 g Zwiebeln
200 g grüne Paprikaschoten
400 g Tomaten
4 EL Öl
1 TL Salz, frisch gemahlener Pfeffer
1/2 Bund Petersilie, gehackt

Für die Käsesauce:

4 Eier, 50 ml Milch
1/2 TL Salz
80 g frisch geriebener Hartkäse

Außerdem:

1 TL gehackte Petersilie

1. Den Klippfisch mit der Hautseite nach unten in eine entsprechend große Schüssel legen, mit kaltem Wasser vollständig bedecken, mit einem Teller abdecken, 24 Stunden in den Kühlschrank stellen und zwischendurch das Wasser mehrmals wechseln.

2. Den Fisch aus der Form nehmen, unter fließendem Wasser abspülen und mit einem Küchentuch trocknen. Die Haut vollständig abziehen. Die Gräten notfalls mit einer Zange entfernen. Den Klippfisch mit den Fingern zu gleich großen Stücken zerpflücken.

3. Den Knoblauch und die Zwiebeln schälen und fein hacken. Die Paprikaschoten vierteln, Samen und Scheidewände entfernen und das Fruchtfleisch in feine Streifen schneiden. Die Tomaten blanchieren, häuten, Stielansatz und Samen entfernen und das Fruchtfleisch in Stücke schneiden.

4. Das Öl in einer Pfanne erhitzen und die Zwiebel- und Knoblauchwürfel darin hell anschwitzen. Die Paprikastreifen in die Pfanne geben und 5 Minuten mitdünsten. Die Tomaten zufügen und weitere 5 Minuten mitdünsten. Mit Salz und Pfeffer würzen. Die Petersilie einstreuen. Das Gemüse in eine feuerfeste Form füllen und die zerpflückten Fischstücke darauf verteilen.

5. Für die Käsesauce die Eier mit der Milch und dem Salz gut verquirlen, den Käse einrühren und über den Fisch gießen. Bei 200 °C im vorgeheizten Ofen 30 Minuten stocken lassen. Mit Petersilie bestreuen und in der Form servieren.

Den Langusten fehlen im Gegensatz zum Hummer die großen Scheren. Trotzdem: Vorsicht bei lebendigen Tieren! Vor den stacheligen Antennengliedern und den spitzen Seitenspornen sollte man sich hüten.

Langustensoufflé

LUFTIGER LÄSST SICH DAS KRUSTENTIER NICHT ZUBEREITEN.

Obwohl die Langusten in Portugal noch reichlicher und preiswerter sind, so ist das »suflé de lagosta« doch kein Alltagsgericht. Trotzdem kann es zum Lunch oder zum Abendessen mit einem frischen Salat als Hauptgericht serviert werden. Meist ist es jedoch der Auftakt eines mehrgängigen Menüs, in kleineren Portionen natürlich. So langt dieses Gericht für 6 bis 8 Portionen. Die großen Langusten sind inzwischen auch an der portugiesischen Küste rar geworden. Langusten mit über 2 kg sind eher die Ausnahme. Der Einfachheit halber kauft man bei uns ohnehin besser nur die Schwänze, die es auch in hervorragender Qualität, tiefgekühlt aus Kuba oder Belize, bei uns auf dem Markt gibt.

1 gekochter Langustenschwanz mit Schale (etwa 400 g)
50 g Butter, 50 g Zwiebel, fein gehackt
Salz, frisch gemahlener weißer Pfeffer
1 EL gehackte Kräuter (Petersilie, Zitronenmelisse)
30 g Mehl, 1/4 l Milch, 4 Eigelbe, 4 Eiweiße
Für den Blattsalat mit Portweinsauce:
Blattsalat (Eichblatt, Lollo Rossa, Friséesalat)
1 EL Weißweinessig, 20 g Zwiebel, fein gehackt
1/2 Knoblauchzehe, fein gehackt
1/2 TL Salz, frisch gemahlener weißer Pfeffer
6 cl weißer Portwein
3 EL Pflanzenöl
1 EL gehackte Kräuter (Schnittlauch, Petersilie)
Außerdem:
zerlassene Butter und Semmelbrösel für die Form

Das angebratene Langustenfleisch zu der Sauce in den Kessel geben und alles gut vermengen.

Die Eiweiße zu steifem Schnee schlagen und den Eischnee mit einem Spatel vorsichtig unterheben.

Den Langustenschwanz aufbrechen und das Fleisch möglichst unversehrt herauslösen, es sollten etwa 280 g Fleisch sein. Den Schwanz längs halbieren und den Darm mit einem spitzen Messer herausheben. Das Fleisch in etwa 1,5 cm große Stücke schneiden. 20 g Butter in einer Pfanne zerlassen und die Zwiebel darin glasig anschwitzen. Das Langustenfleisch ganz kurz mitbraten, mit Salz und Pfeffer würzen und die Kräuter einstreuen. Nochmals durchmischen und abkühlen lassen. Die restliche Butter zerlassen. Das Mehl auf einmal zuschütten und bei schwacher Hitze etwa 2 Minuten kräftig rühren. Die Milch nach und nach unterrühren. Mit Salz und Pfeffer würzen, aufkochen und in 15 Minuten zu einer glatten Béchamel kochen, dabei ständig mit dem Schneebesen rühren und am Topfboden entlangfahren, um ein Ansetzen zu verhindern. Die Masse in einen Kessel oder eine Schüssel füllen und etwas abkühlen lassen. Die Eigelbe nacheinander unterrühren und weiterverfahren, wie gezeigt. Eine Souffléform von 16 cm Durchmesser, 7 cm Höhe und 1 l Inhalt mit fast kalter zerlassener Butter ausstreichen und mit Bröseln ausstreuen. Die Masse bis 1 cm unter den Rand in die Form füllen. Das Soufflé bei 200 °C im vorgeheizten Ofen 35 bis 40 Minuten backen und sofort servieren. Inzwischen den Salat putzen, waschen, trockenschleudern und in mundgerechte Stücke zerpflücken. Aus den angegebenen Zutaten eine Vinaigrette zubereiten, mit dem Salat gut vermischen und zum Langustensoufflé reichen.

Richtig vollreife Zitronen kann nur ernten wer sie selbst vom Baum pflückt. Bei uns muß man sich schon auf das Angebot im Supermarkt verlassen, und da ist die Qualität bekanntlich unterschiedlich. Bei diesem Rezept ist es wichtig, unbehandelte Zitronen zu nehmen, weil die Schale wegen ihres Aromas mitverwendet werden muß.

Zitronensoufflé mit Orangensauce

DAS ERFRISCHENDE DESSERT ENTWICKELT MIT VOLLREIFEN FRÜCHTEN SEIN BESTES AROMA.

Die Zubereitung erfordert sorgfältiges Arbeiten und vor allem sofortiges Servieren, da die zarte Masse nach dem Backen leicht zusammenfällt.

Für 8 Portionen
200 ml Milch
50 g Butter, mit 50 g Mehl verknetet
4 Eiweiße, 5 cl Zitronensaft
Abgeriebenes von 1 unbehandelten Zitrone
2 cl Zitronenlikör, 4 Eigelbe
40 g geriebene Mandeln ohne Schale
90 g Zucker

In Portionsförmchen gebacken, bekommt jeder etwas mehr von der knusprigen Kruste, weil ihr Anteil höher ist, als wenn das Soufflé in einer großen Form gebacken wird. Aber viele lieben ja gerade das »luftige Innere« des Soufflés.

Für die Orangensauce
200 ml frisch gepreßter Orangensaft
90 g Zucker, Schale von 1 unbehandelten Orange
3 cl Grand Marnier
Außerdem:
Butter und Zucker für die Förmchen
Puderzucker zum Besieben

1. 8 Portionsförmchen mit je 120 ml Inhalt mit fast kalter zerlassener Butter ausfetten. Den Zucker hineinstreuen und die Formen mit beiden Händen drehen, bis die Ränder und die Böden lückenlos bedeckt sind. Den überschüssigen Zucker herausschütten.

2. Die Milch aufkochen. Die Mehlbutter in kleinen Portionen nacheinander in die kochende Milch rühren, bis eine homogene Masse entstanden ist. Den Topf vom Herd nehmen und 1 Eiweiß unter die noch heiße Masse rühren. Zitronensaft, -schale und -likör einrühren. Die Masse in eine Schüssel füllen und etwas abkühlen lassen. Die Eigelbe nacheinander zugeben und mit dem Schneebesen so lange weiterrühren, bis die Masse wieder glatt und cremig ist. Die Mandeln unterrühren. Die restlichen Eiweiße mit dem Zucker, auf einmal zugeschüttet, steif schlagen. 1/4 des Eischnees mit dem Schneebesen unterrühren, den Rest mit dem Kochlöffel unterheben.

3. Die Soufflémasse bis etwa 1 cm unter den Rand in die Formen füllen. Diese in ein 80 °C warmes Wasserbad stellen, dabei soll der Wasserspiegel bis knapp zur halben Höhe der Formen reichen. Bei 200 °C im vorgeheizten Ofen etwa 30 Minuten backen. Aus dem Ofen nehmen, mit Puderzucker besieben und sofort servieren.

4. Während der Backzeit für die Orangensauce den Saft durch ein Sieb in einen kleinen Topf gießen und mit dem Zucker und der in feine Streifen geschnittenen Orangenschale 3 bis 4 Minuten einkochen. Mit dem Grand Marnier verrühren und erkalten lassen. Zum Soufflé reichen.

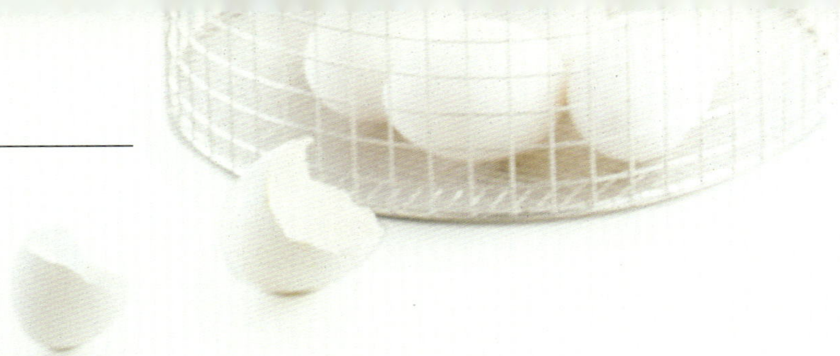

Huevos en cazuela a la crema

POCHIERTE EIER IM TOPF, MIT EINER KÄSESAHNESAUCE GRATINIERT.

Eiergerichte sind in Spanien sehr populär. Ob rustikal in einem Tontöpfchen oder fein in einer edlen Keramikform angerichtet, dieses simple Eiergericht kann zu jeder Gelegenheit serviert werden. In Portionsförmchen zubereitet, können die Eier auch einzeln gereicht werden. Für das Gelingen der pochierten Eier ist es wichtig, nur ganz frische Eier zu verwenden, da sie andernfalls beim Garen auseinanderlaufen würden.

Für die Käsesauce:
300 ml Sahne, 140 g frisch geriebener Manchego
Salz, frisch gemahlener Pfeffer, 1 Eigelb
1 EL gehackte Kräuter
Für das Brot:
4 Scheiben Weißbrot vom Vortag
50 ml Weißwein

Frische Kräuter verfeinern den Geschmack dieses herzhaften Gerichtes. Vor allem die Kombination Thymian/Petersilie/Schnittlauch ist für Eiergerichte interessant. Wer es etwas exotisch liebt, ersetzt die Petersilie durch Koriandergrün.

Simples Weißbrot eignet sich für dieses Gratin. Ist es vom Vortag, so läßt es sich leichter schneiden, und dem Geschmack tut dies keinen Abbruch. Doch es soll richtig schön knuspriges, krustiges Weißbrot sein und kein weiches Toastbrot. Helles Mischbrot kann ebenso verwendet werden.

Die pochierten Eier in vorbereitetes lauwarmes Salzwasser legen; auf diese Weise wird verhindert, daß sie hart werden. Vor der Weiterverarbeitung mit einem kleinen Messer die Eiweißfäden vorsichtig von den Eiern abschneiden.

Für die pochierten Eier:
1 l Wasser, 50 ml Weißweinessig, 4 Eier

Für die Käsesauce die Sahne in einem Topf erhitzen und den Käse darin unter Rühren schmelzen, nach Bedarf salzen und pfeffern und etwa 3 Minuten schwach köcheln lassen. Das Eigelb mit etwas heißer Sauce verquirlen und in die Sauce einrühren, sie darf aber nicht mehr kochen. Die gehackten Kräuter (Thymian, Petersilie und Schnittlauch) einstreuen. Die Weißbrotscheiben in eine feuerfeste Form legen und mit dem Weißwein beträufeln. Für die pochierten Eier das Wasser mit dem Essig aufkochen. Die gut gekühlten Eier einzeln aufschlagen. Immer nur 1 Ei in das siedende Wasser gleiten lassen, mit einer Schöpfkelle auffangen – um es in Form zu halten – und in 5 Minuten garziehen lassen. Das fertige Ei in der Schöpfkelle vorsichtig aus dem Essigwasser herausnehmen. Weiterverfahren, wie gezeigt. Die Eier auf die Brotscheiben legen und mit der Käsesauce übergießen. Bei 250 °C im vorgeheizten Ofen in 8 Minuten gratinieren.

Mais ernährt ganze Kontinente. Auch in der Alten Welt gibt es zahlreiche Rezepte mit dem beliebten Getreide. Die Pflanze gedeiht vor allem in den Tropen und Subtropen, einige Sorten auch in den gemäßigten Breiten.

Huhn unter Maiskruste

»POLLO CUBIERTO DE COSTRA DE MAIZ« – EIN GRATIN, DAS EINE KOMPLETTE MAHLZEIT DARSTELLT.

1 küchenfertiges Huhn (etwa 1,2 kg)
180 g Zwiebeln, davon 100 g geschält und geviertelt
Salz, 1 Knoblauchzehe
je 200 g rote und grüne Paprikaschote
60 g Serrano-Schinken, 400 g Tomaten, 3 EL Olivenöl
100 ml Rotwein, frisch gemahlener schwarzer Pfeffer
1 EL gehackter Oregano
Für die Maiskruste:
3 Maiskolben, 40 g Zwiebel
4 Scheiben Weißbrot (100 g)
20 g Butter, 1/8 l Sahne, 1 Ei
Salz, frisch gemahlener schwarzer Pfeffer
80 g frisch geriebener Manchego
Außerdem:
Olivenöl für die Form
20 g frisch geriebener Manchego

1. Das Huhn unter fließendem Wasser innen und außen sorgfältig waschen, trockentupfen. Mit einem Messer in 8 Teile teilen: je 2 Schenkel und Flügel, den parallel zum Rückgrat geteilten Rücken und die beiden am Brustbein geteilten Bruststücke.

2. Das Huhn und die geviertelten Zwiebeln in einem großen Topf mit Wasser bedecken. Salzen, aufkochen, den sich bildenden Schaum abschöpfen, die Hitze reduzieren, den Topf zudecken und das Huhn etwa 25 Minuten kochen, das Fleisch sollte nicht zu weich sein. Herausnehmen und etwas abkühlen lassen. Die Haut mit einem kleinen Messer entfernen, das Fleisch von den Knochen lösen und in etwa 1 cm große Stücke schneiden.

3. Die restlichen Zwiebeln und den Knoblauch schälen und fein hacken. Die Paprikaschoten von Samen und Scheidewänden befreien und in 5 mm große Würfel schneiden. Den Schinken fein würfeln. Die Tomaten blanchieren, häuten, Stielansatz und Samen entfernen und das Fruchtfleisch würfeln. Das Öl in einer großen Pfanne erhitzen und Zwiebel- und Knoblauchwürfel darin hell anschwitzen. Die Paprikawürfel unter häufigem Rühren 8 bis 10 Minuten dünsten. Den Schinken und die Tomaten zufügen, mit dem Wein ablöschen, mit Salz und Pfeffer würzen und 5 Minuten köcheln lassen. Den Oregano und das Fleisch untermischen.

4. Für die Maiskruste die Hüllblätter und die Fäden von den Maiskolben entfernen. Die Kolben in kochendem Salzwasser 20 bis 25 Minuten kochen, herausnehmen und abkühlen lassen. Mit einem scharfen Messer die Körner von oben nach unten abschneiden und zur Seite stellen. Die Zwiebel schälen und fein würfeln. Das Brot entrinden und in 5 mm große Würfel schneiden.

5. Die Butter zerlassen und die Zwiebel hell anschwitzen. Das Brot darin goldgelb anrösten. Den Pfanneninhalt in eine Schüssel geben. Sahne, Ei, Salz und Pfeffer miteinander verrühren, über die Brotmischung gießen und kurz einziehen lassen. Den Mais und den Käse untermischen.

6. Eine Form ausfetten. Die Hähnchenmasse einfüllen und mit der Maismischung bedecken. Mit dem Käse bestreuen und das Gratin bei 200 °C im vorgeheizten Ofen etwa 25 Minuten überbacken.

Auf einen »Rioja« sollte die Wahl fallen, wenn nach einem passenden Wein gesucht wird. Die Qualitätsweine aus der Region am mittleren Ebro, südlich des Baskenlandes, sind weit über die Grenzen Spaniens hinaus bekannt.

Jakobsmuscheln und Spargel, gratiniert

EINE KOMPOSITION AUS GALIZIEN, MIT DEN JAKOBSMUSCHELN AUS DIESER REGION.

Die Jakobs-/Pilgermuschel verdankt ihren Namen dem Apostel Jakobus. Nach der Entdeckung seines angeblichen Grabes in Compostela wurde der Ort zum berühmten Wallfahrtsziel und die Jakobsmuschel zum Symbol der Pilger.

8 Jakobsmuscheln, 200 g grüner Spargel
30 g Schalotten, 2 EL Olivenöl, 1/8 l Weißwein
Salz, frisch gemahlener Pfeffer
1 EL gehackte Petersilie
2 EL geriebenes Weißbrot, 30 g Butter
Außerdem:
gehackte Petersilie zum Bestreuen

1. Die Jakobsmuscheln sorgfältig waschen und säubern. Mit einem Küchentuch fest in die Hand nehmen, dabei soll die flache Schalenhälfte nach oben zeigen. Ein spitzes, kurzes, aber starkes Messer zwischen die Schalen schieben und den Muskel an der flachen Innenseite durchtrennen. Die flache obere Schale abheben. Mit dem Messer am grauen Rand des Fleisches die Muschel rundherum auslösen und herausheben. Den grauen Rand von dem weißen Muskelfleisch und dem orangefarbenen Rogen (Corail) abziehen. Das weiße Fleisch (Nüßchen) und den Rogen voneinander trennen. Das weiße Fleisch quer halbieren.

Der zarte Geschmack der Jakobsmuscheln verträgt sich gut mit zarten Gemüsearten, wie es der edle Spargel ist.

La Coruña, der Hafen an der Atlantikküste Spaniens, ist eine wichtige Anlandungsstelle für Fisch und Meeresfrüchte. Am frühen Morgen, wenn die Fischer den Fang an Land bringen, herrscht dort reges Treiben.

2. Den Spargel waschen, die Stielenden abschneiden und nur bei Bedarf den unteren Teil der Stangen dünn schälen. In so viel leicht gesalzenes, sprudelnd kochendes Wasser geben, daß die Stangen gerade bedeckt sind, und bei geschlossenem Topf 10 Minuten bei mittlerer Hitze kochen. Mit einem Schaumlöffel herausheben, gut abtropfen lassen und in etwa 3 cm große Stücke schneiden.

3. Die Schalotten schälen und ganz fein hacken. Das Öl in einer Pfanne erhitzen und die Schalottenwürfel darin hell anschwitzen. Das Muskel-

fleisch und den Rogen ganz leicht von allen Seiten darin anbraten. Mit dem Weißwein ablöschen. Mit Salz, Pfeffer und Petersilie würzen. 1 EL geriebenes Weißbrot einstreuen und 6 Minuten bei schwacher Hitze mehr ziehen als kochen lassen. In den letzten 2 Minuten den Spargel zugeben.

4. 4 Portionsförmchen dünn mit Butter ausstreichen. Die Muschel-Spargel-Mischung einfüllen, mit dem restlichen Weißbrot bestreuen und mit der restlichen Butter in Flöckchen belegen. Bei 250 °C im vorgeheizten Ofen überbacken. Mit Petersilie bestreuen und servieren.

Die Schalen der Jakobsmuscheln können auf Vorrat gehalten werden, denn sie eignen sich gut als Behälter zum Gratinieren feiner Muschelköstlichkeiten.

Spanischer Spargel wurde zu einem wichtigen Exportgut, das vor allem dann auf den Markt kommt, wenn unser Spargel noch lange nicht reif ist.

Spargelgratin

TYPISCH SPANISCH IST DIE KOMBINATION MIT CHORIZOS, DEN SCHARFEN PAPRIKAWÜRSTEN.

Der Spargel wird in diesem Rezept zu einem sehr rustikalen Gericht verarbeitet, was seinem zarten Geschmack aber sonderbarerweise keinen Abbruch tut. Darin sind hartgekochte Eier und »chorizos«, die luftgetrockneten spanischen Würste, die stark mit Paprikapulver gewürzt sind. Der Clou des Ganzen sind aber die beiden Käsesorten, mit denen das Gratin überbacken wird.

Für den Spargel:
1 kg weißer Spargel
Salz, etwas Zitronensaft
200 g mit Paprika gewürzte Chorizos
4 hartgekochte Eier

Spargel unter einer Kruste von zweierlei Käse. Zum einen der Manchego, ein Hartkäse aus Schafmilch, der je nach Alter von mild bis pikant angeboten wird, und zum anderen der kräftige Blauschimmelkäse Cabrales. Wer ihn nicht bekommt, kann Roquefort als Ersatz nehmen, obwohl die beiden Käse geschmacklich doch weit auseinanderliegen.

Cabrales, ein Hartkäse mit 44% Fett i. Tr., ist der beliebteste Blauschimmelkäse Spaniens. Hergestellt aus Kuhmilch, der manchmal Schaf- oder Ziegenmilch beigemischt ist, reift der Käse, in Platanenblätter eingehüllt, 6 Monate in den Kalksteinbergen Asturiens.

Für die Sauce:
50 g Butter
25 g Mehl, 350 ml Milch
Salz, frisch gemahlener weißer Pfeffer
Außerdem:
Butter für die Form
50 g frisch geriebener Manchego
100 g Cabrales, in Scheiben geschnitten
1 TL gehackte Petersilie

1. Von dem Spargel das untere Ende abschneiden. Die Stangen mit einem scharfen Messer oder einem Sparschäler von oben nach unten schälen,

dabei dicht unter dem Kopf ansetzen und nach unten hin dicker schälen. Die Stangen in 5 bis 6 cm große Stücke schneiden. In einem Topf genügend Wasser mit etwas Salz und Zitronensaft zum Kochen bringen, die Spargelstücke einlegen und 10 bis 15 Minuten kochen. Herausnehmen und beiseite stellen.

2. Die Chorizos in etwa 1 cm große Würfel schneiden. Die Eier schälen und achteln.

3. Für die Sauce die Butter in einer Kasserolle zerlassen. Das Mehl darin farblos anschwitzen, die Milch zugießen und gut durchrühren. Mit Salz und Pfeffer würzen und bei geringer Hitze 15 Minuten köcheln lassen.

4. Eine Auflaufform mit Butter ausfetten und den Spargel mit den Chorizos und den Eiachteln einfüllen. Die Sauce darübergießen und mit dem geriebenen Käse bestreuen. Bei 180 °C im vorgeheizten Ofen 10 Minuten backen. Die Form aus dem Ofen nehmen, die Käsescheiben auf dem Spargel verteilen, die Form zurück in den Ofen stellen und das Gratin weitere 5 Minuten überbacken. Mit gehackter Petersilie bestreuen.

Die Frische der Krustentiere, ausschlaggebend für den Wohlgeschmack, ist in den küstennahen Gebieten garantiert. In meerferneren Regionen ist tiefgefrorene Ware eine Alternative, wenn sich frische Ware auf dem Markt rar macht.

Reisgratin mit Scampi und Artischocken

REIS, MEERESFRÜCHTE UND ARTISCHOCKEN: TYPISCHE ZUTATEN IN DER SPANISCHEN KÜCHE.

Spezieller spanischer Rundkornreis, wie er auch Basis für die berühmte Paella ist, wird hier – mit Scampi veredelt – zum kulinarischen Genuß.

Für den Risotto:
30 g Schalotte, 25 g Butter
150 g La Langosta-Reis (oder anderer Risottoreis)
1/4 l Weißwein, 1 TL Currypulver
1/2 l Geflügelfond
Salz, frisch gemahlener weißer Pfeffer
1 EL gehackte Zitronenmelisse
50 g frisch geriebener Manchego
150 g Schmand (Sauerrahm, 24 % Fett)
Für Scampi und Artischocken:
8 rohe Scampischwänze
Salz, frisch gemahlener Pfeffer
4 Artischocken (etwa 600 g), Saft von 1 Zitrone
Außerdem:
Butter für die Formen
20 g frisch geriebener Manchego
20 g Butter, in Flöckchen
Zitronenmelisseblättchen zum Garnieren

1. Die Schalotte schälen und fein hacken. Die Butter in einem Topf zerlassen und die Schalottenwürfel darin farblos anschwitzen. Den Reis auf einmal dazuschütten und bei starker Hitze unter ständiger Bewegung mitanschwitzen, bis er glasig ist, wobei weder Schalotte noch Reis Farbe annehmen dürfen. Mit dem Wein ablöschen und die Flüssigkeit unter Rühren reduzieren. Das Currypulver einstreuen. Den heißen Fond unter Rühren nach und nach zugießen. Salzen, pfeffern und in 15 Minuten fertigkochen. Nach Bedarf weiteren Fond zugießen, der Risotto sollte noch feucht sein. Die Zitronenmelisse einstreuen.

2. Die Scampi mit einer feinen Schere oder einem kleinen, scharfen Messer auf der Unterseite aufschneiden und die Schale mit beiden Händen auseinanderdrücken, damit das Schwanzfleisch herauskommt. Die Scampi der Länge nach halbieren und den Darm entfernen. Ganz leicht mit Salz und Pfeffer würzen.

3. Die Stiele der Artischocken direkt unter dem Blütenansatz mit einem Ruck abbrechen. Die kleinen, harten Blätter rund um den Stielansatz mit den Händen abzupfen. Die stacheligen Spitzen der Blätter mit einer Küchenschere gleichmäßig kurz stutzen. In einem entsprechend großen Topf Wasser mit Salz und Zitronensaft aufkochen, die Artischocken einlegen, mit einem Teller beschweren und 10 Minuten kochen. Herausnehmen und kopfüber abtropfen lassen. Die hellen Blütenblätter mit einer Drehbewegung aus der Mitte der Artischocken herausholen, die restlichen äußeren Blätter mit einem Messer vom Boden abschneiden, die Artischockenherzen mit den Böden vierteln und das »Heu« entfernen.

4. 4 Portionspfännchen mit Butter ausfetten. Den Risotto mit dem Manchego und dem Schmand sorgfältig vermischen, eventuell nachwürzen. Die Hälfte der Masse in die Pfännchen füllen, die Artischockenviertel und die halbierten Scampischwänze darauf verteilen und mit dem restlichen Risotto bedecken. Mit geriebenem Manchego bestreuen und mit Butterflöckchen belegen.

5. Bei 200 °C im vorgeheizten Ofen etwa 25 Minuten überbacken. Das Gratin mit Zitronenmelisseblättchen dekorieren.

Canelones a la catalana

ÜBERBACKENE NUDELROLLEN, GEFÜLLT MIT EINER MISCHUNG AUS INNEREIEN UND FLEISCH.

Es hört sich schon recht italienisch an und sieht auch so aus, aber das Rezept ist trotzdem sehr »katalanisch«. Innereien sind ein wichtiger Bestandteil der traditionellen Küche dieser Region. In unzähligen Variationen und oft auch recht außergewöhnlichen Kombinationen laden sie zur kulinarischen Entdeckung ein. Bestes Beispiel sind die Canelones mit einer würzigen Farce aus Kalbshirn, Schweinefleisch, Fleisch und Leber vom Huhn.

Für 6 Portionen
12 Lasagneblätter
Für die Füllung:
200 g Kalbshirn
200 g Hähnchenbrustfilet
100 g Hähnchenleber, 100 g Zwiebeln
30 g Schweineschmalz
250 g Hackfleisch vom Schwein
2 cl Sherry, 1 EL Zitronenthymianblättchen
3 Salbeiblätter, in feine Streifen geschnitten
Salz, frisch gemahlener weißer Pfeffer
Für die Béchamelsauce:
50 g Butter, 30 g Mehl
1/4 l Sahne, 1/4 l Milch
Salz, frisch gemahlener Pfeffer
1 Eigelb
Außerdem:
Butter für die Form
100 g Serrano-Schinken, in Würfel geschnitten
50 g frisch geriebener Manchego

Das Kalbshirn in kochendem Salzwasser 5 Minuten ziehen lassen. Herausnehmen, etwas abküh-

Luftgetrockneter Serrano-Schinken und aromatischer Manchego vervollständigen das katalanische Nudelgericht.

Die Füllung auf den gekochten Nudelblättern gleichmäßig verteilen. Die Blätter aufrollen und quer halbieren. Stehend in die gefettete Auflaufform setzen. Mit den Schinkenwürfeln bestreuen und mit der Béchamelsauce übergießen.

len lassen, die Häutchen sorgfältig entfernen und das Hirn fein hacken. Die Hähnchenbrust sehr klein würfeln. Die Hähnchenleber waschen, putzen und fein hacken. Die Zwiebeln schälen und fein würfeln. Das Schmalz erhitzen und die Zwiebelwürfel darin anschwitzen. Das Kalbshirn, das Hackfleisch, die Hähnchenbrust und die Leber zugeben. Alles kräftig anbraten, den Sherry zugießen, die Kräuter einrühren und mit Salz und Pfeffer würzen. Die Lasagneblätter in kochendem Salzwasser 8 Minuten garen, herausnehmen und flach ausbreiten. Eine Auflaufform mit Butter ausfetten. Weiterverfahren, wie links gezeigt. Für die Béchamelsauce die Butter in einer Kasserolle zerlassen und das Mehl darin unter Rühren farblos anschwitzen. Die Sahne und die Milch zugießen, glattrühren, salzen, pfeffern und unter ständigem Rühren etwa 15 Minuten kochen lassen. Das Eigelb mit 2 EL der Sauce verrühren, in die Sauce gießen und diese unter kräftigem Rühren einmal aufkochen lassen. Die Béchamelsauce über die Canelones gießen, wie gezeigt, und mit dem geriebenen Manchego bestreuen. Bei 190 °C im vorgeheizten Ofen 30 Minuten überbacken.

Orangenfilets auslösen. Oben und unten einen Deckel abschneiden. Die Schale mit einem kleinen, scharfen Messer von oben nach unten in Segmenten abschneiden. Die Orange an den Häuten einschneiden und die Filets herauslösen.

Arroz con leche

REISAUFLAUF AUF SPANISCH – MIT VIELEN REIFEN ORANGEN BESONDERS DELIKAT.

Nun ist ein Reisauflauf wahrhaft kein extravagantes Essen, aber richtig und vor allem mit den entsprechenden Produkten zubereitet, kann er ganz hervorragend schmecken. Der richtige Reis – in diesem Fall der spanische Rundkornreis D.O. Calasparra – und wirklich süße, vollreife Orangen sollten es schon sein. Ob man dann zum Aromatisieren karibischen Rum oder Grand Marnier verwendet, bleibt dem eigenen Gusto überlassen.

3/4 l Milch
250 g Rundkornreis
1 Stück unbehandelte Zitronenschale
150 g Zucker
4 Eigelbe
2 cl Rum
500 g Orangen (ergeben etwa 200 g Orangenfilets)
1 TL abgeriebene unbehandelte Orangenschale
4 Eiweiße

Handernte ist angesagt, sollen die Orangen als Frischfrucht vermarktet werden. Ihre unversehrte Schale ist ein Qualitätsmerkmal; sie sorgt dafür, daß die Frucht für lange Zeit lagerfähig ist.

Außerdem:
Butter für die Form
10 g Butter
1 EL Puderzucker

1. Die Milch in einem entsprechend großen Topf aufkochen, den Reis, die Zitronenschale und 50 g Zucker unterrühren. Die Hitze reduzieren und 30 Minuten köcheln lassen. Vom Herd nehmen und die Zitronenschale entfernen. Die Eigelbe und den Rum unter den Milchreis rühren.

2. Von den Orangen an beiden Enden einen Deckel abschneiden und die Früchte filetieren, wie oben links gezeigt. Den Saft aus dem an den Häuten verbliebenen Fruchtfleisch ausdrücken.

3. Die Orangenfilets halbieren und mit dem Saft und der abgeriebenen Orangenschale unter den Reis mischen.

4. Die Eiweiße steif schlagen, dabei den restlichen Zucker langsam einrieseln lassen. Den Eischnee vorsichtig unter die Reismasse heben.

5. Eine feuerfeste Form mit Butter ausfetten und die Reismasse einfüllen. Den Auflauf bei 200 °C im vorgeheizten Ofen 20 Minuten backen. Die Butter zerlassen und damit die Oberfläche bepinseln. Mit Puderzucker besieben und weitere 15 Minuten backen, bis durch den Zucker, der teilweise karamelisiert, eine knusprige Oberfläche entstanden ist.

Gratin dauphinois

EIN KARTOFFELGRATIN, WIE ES EINFACHER NICHT ZU MACHEN IST.

Dieses Rezept, wie so viele aus der klassischen französischen Küche, hat in der Zwischenzeit internationale Berühmtheit erlangt. Daraus hat sich eine internationale Version herausgebildet, ein Kartoffelgratin aus Kartoffeln in dünnen Scheiben, mit einem Hauch Knoblauch und Eiern, Sahne oder Milch sowie frisch geriebenem Käse. Dieses Gratin kann man vegetarisch als Hauptgericht, nur mit einem Salat, servieren oder auch als Beilage. Das »echte französische« Gratin dauphinois stammt aber aus dem Dauphiné, der Gegend um Grenoble. Dort wird es grundsätzlich nur mit Milch oder Sahne oder beidem zubereitet, auf den Käse wird verzichtet. So gilt das Gratin als die klassische Beilage, die zu zahlreichen Gerichten serviert werden kann. Es unterscheidet sich von dem Gratin mit Käseanteil, das in Frankreich »gratin savoyard« heißt, und meistens mit Beaufort, Comté oder einem anderen französischen Hartkäse zubereitet wird. Dieses »gratin savoyard« wird eigentlich auch selten so sorgfältig eingeschichtet, wie es hier in der Bildfolge gezeigt wird, sondern dafür werden die Kartoffelscheiben einfach flach in die Auflaufform gelegt, dazwischen kommt der Käse, und so werden Kartoffeln und Käse weiter eingeschichtet, bis alle Zutaten aufgebraucht sind. Der Streit darüber, ob das Gratin nun mit oder ohne Käse besser schmeckt, währt schon lange und ist bis heute nicht entschieden. Letztendlich bleibt es jedem einzelnen überlassen, welche Variante ihm besser mundet.

Die Form mit der zerlassenen Butter ausstreichen. Die Kartoffeln aufrecht in die Form schichten und zwischen die Reihen immer ein wenig Käse streuen.

Dieses Gratin ist mit Käse zubereitet worden und entspricht somit dem französischen »gratin savoyard«.

1 kg kleine, mehligkochende Kartoffeln
Salz, frisch gemahlener weißer Pfeffer
frisch geriebene Muskatnuß
1 Knoblauchzehe
40 g Butter, zerlassen
100 g frisch geriebener Hartkäse (etwa Emmentaler)
2 Eier
3/8 l Sahne
40 g Butter, in Flöckchen
Außerdem:
1 TL gehackte Petersilie

Die Kartoffeln waschen, schälen und auf einem Gurkenhobel in feine Scheiben hobeln. Mit Salz, Pfeffer und Muskatnuß würzen. Die Knoblauchzehe halbieren und mit den Schnittflächen eine Auflaufform ausreiben. Weiterverfahren, wie in der Bildfolge beschrieben. Den restlichen Käse mit den Eiern und der Sahne verrühren und über die Kartoffeln gießen. Mit den Butterflöckchen belegen. Bei 200 °C im vorgeheizten Ofen auf der mittleren Schiene etwa 60 Minuten überbacken. Mit gehackter Petersilie bestreuen.

Cervelas – die kleinen, dicken und die größeren Fleischwürste werden wie früher etwa 1 Stunde im traditionellen »fumoir« (Rauchzimmer) geräuchert. Die größeren Würste hängen unten, denn dort ist die Hitze am stärksten.

Wurst-Kartoffel-Gratin

EIN GRATIN, DAS AUS DEM ELSASS STAMMEN KÖNNTE, WENN MAN SICH NACH DEN ZUTATEN RICHTET.

Denn die wichtigsten Zutaten kommen aus dieser Region, nämlich die Cervelas – Würste, wie sie nur im Elsaß gemacht werden können – und der berühmte Munsterkäse. Das Ganze, gemischt mit Kartoffeln und mit einer Käsesauce übergossen, ergibt ein recht deftiges Essen.

Für 4 bis 6 Personen
800 g festkochende Kartoffeln, Salz
80 g Zwiebeln, 1 Knoblauchzehe
500 g Cervelas, 20 g Butter
Für die Käsesauce:
350 g Munsterkäse, 1/8 l Rinderfond, 1/8 l Sahne
Salz, frisch gemahlener Pfeffer
Für das Sauerkraut:
100 g Zwiebeln, 1 Knoblauchzehe
80 g Schweineschmalz, 800 g Sauerkraut
Salz, frisch gemahlener Pfeffer
1 Lorbeerblatt, 8 Wacholderbeeren, 2 Gewürznelken
200 ml Elsässer Weißwein, 100 ml Wasser
Außerdem:
Butter für die Form
1 EL Schnittlauchröllchen

Die auf den lustigen Namen »knacks« getauften Würste werden hier in der Metzgerei der Brüder Haubensack in Sélestat zur richtigen Größe gebunden. Nach langjähriger Erfahrung erfolgt das mit beeindruckender Schnelligkeit.

1. Die Kartoffeln waschen, schälen und in 1,5 cm große Würfel schneiden. In Salzwasser 5 Minuten kochen, abgießen und abtropfen lassen. Zwiebeln und Knoblauch schälen und fein hacken. Die Würste häuten und in 1,5 cm große Würfel schneiden. Die Butter zerlassen, Zwiebeln und Knoblauch darin hell anschwitzen. Die Würste kurz mitbraten. Die Kartoffeln untermischen.

2. Für die Käsesauce den Käse dünn entrinden und klein schneiden. Den Fond mit der Sahne erwärmen und den Käse bei geringer Hitze darin schmelzen. Mit Salz und Pfeffer würzen.

3. Eine Auflaufform mit Butter ausfetten. Die Kartoffel-Wurst-Mischung einfüllen, die Sauce darübergießen. Bei 200 °C im vorgeheizten Ofen 45 bis 50 Minuten backen, bis die Kartoffeln weich sind. Eventuell die Form mit Alufolie abdecken, damit das Gratin nicht zu dunkel wird. Mit Schnittlauchröllchen bestreuen.

4. Inzwischen für das Sauerkraut die Zwiebeln und den Knoblauch schälen, die Zwiebeln halbieren und in Scheiben schneiden, den Knoblauch fein hacken. Das Schmalz erhitzen, die Zwiebeln und den Knoblauch darin goldbraun anschwitzen. Das Sauerkraut darin 5 Minuten anbraten und dabei mit einer Gabel auflockern. Die Gewürze, den Wein und das Wasser zugeben, zudecken und bei geringer Hitze in etwa 45 Minuten garen. Abschmecken und zum Gratin servieren.

Kartoffelgratin mit Reblochon

EIN KRÄFTIGER, AROMATISCHER KÄSE AUS ROHMILCH GIBT DEM GRATIN EINE BESONDERE NOTE.

Diese Variante des pikanten Kartoffelgratins kann genauso als Beilage Verwendung finden, ist aber durchaus auch ein deftiges Gericht, wenn es einem mal nicht nach Fleisch oder Fisch zumute ist. Dieses Rezept ergibt vier sättigende Portionen, serviert mit einem frischen Salat. Ein Feldsalat, mit Speck angemacht, ergänzt übrigens dieses Gericht geschmacklich besonders gut.

1 kg Kartoffeln, Salz
Für die Käse-Sahne-Mischung:
1/8 l Kalbsbrühe, 1/8 l Sahne, 500 g Reblochon
1/2 TL Salz, frisch gemahlener Pfeffer
frisch geriebene Muskatnuß
Außerdem:
30 g Butter für die Form
1 Knoblauchzehe, zerdrückt
1 EL feingehackte Zwiebel
1 Bund glatte Petersilie

Das kräftige Aroma der Muskatnuß ist das beherrschende Gewürz bei diesem Gratin, und es kann geschmacklich gut gegen den höchst aromatischen Käse bestehen.

1. Die Kartoffeln waschen, schälen und in Würfel von etwa 1 cm Kantenlänge schneiden. In einem Topf Salzwasser zum Kochen bringen. Die Kartoffelwürfel darin 4 bis 5 Minuten kochen, abgießen und mit kaltem Wasser kräftig auswaschen. Sehr gut abtropfen lassen.

2. Die Kalbsbrühe mit der Sahne in einem Topf erwärmen. Von dem Käse die Rinde ganz dünn abschneiden oder, noch besser, nur die äußere Schicht abkratzen, denn das starke Aroma des Käses soll erhalten bleiben. In dünne Scheiben schneiden und in der Sahnemischung bei ganz geringer Hitze unter Rühren langsam schmelzen. Mit Salz, Pfeffer und Muskatnuß würzen.

3. Die Butter in einer entsprechend großen Auflaufform zerlassen und den zerdrückten Knoblauch und die Zwiebelwürfel darin hell anschwitzen. Die Kartoffelwürfel darübergeben und mit der Käse-Sahne-Mischung übergießen.

4. Die Kartoffeln zunächst bei 220 °C im vorgeheizten Ofen etwa 20 Minuten garen. Die Hitze auf 180 °C reduzieren und das Gratin weitere 40 bis 50 Minuten backen, bis die Kartoffeln weich sind. Mit reichlich gehackter Petersilie bestreuen und servieren.

Reblochon. Dieser delikate halbfeste Schnittkäse ist in Frankreich ursprungsgeschützt; der Name ist nur solchen Käsen vorbehalten, die im Departement Haute-Savoie aus Rohmilch hergestellt werden. Diese runden Käselaibe haben ein Gewicht von 500 g und werden, zwischen Spanholzscheiben verpackt, geliefert. Als Ersatz für den Reblochon taugt auch eine Tomme de Savoie aus der gleichen Region, von der dann allerdings die Rinde vollständig abgeschnitten werden muß.

Von den äußeren Blättern die stacheligen Spitzen mit einer Küchenschere abschneiden. Die Spitze der Artischocken mit einem scharfen Messer gerade abtrennen. Nach dem Kochen die Artischocken längs halbieren und das »Heu« entfernen.

Artischockengratin

EIN EDLES GEMÜSE – SO DELIKAT ZUBEREITET, WIRD DARAUS EINE FEINE VORSPEISE.

Fährt man im Spätsommer durch Südfrankreich, stößt man auf große Felder, mit anscheinend nichts als ruppigen Distelgewächsen. Was so abweisend aussieht, ist eine kulinarische Spezialität. Die Blütenköpfe der distelähnlichen Artischockenstaude brauchen zwar etwas Geduld bei der Vorbereitung, aber die Mühe lohnt sich allemal. In diesem Rezept wird das außergewöhnliche Gemüse einmal nicht mit einer Vinaigrette gereicht, sondern mit einer aromatischen Käsesauce überbacken. Dafür bieten sich die kleinen provenzalischen Artischocken besonders an. Doch das Gratin läßt sich auch mit jeder anderen kleinen Artischockensorte, wie sie es reichlich aus Italien bei uns auf dem Markt gibt, zubereiten.

6 Artischocken (geputzt je etwa 150 g)
Saft von 1 Zitrone, Salz
Für die Sauce:
30 g Schalotten, 1 Knoblauchzehe, 25 g Butter
30 g Mehl, 400 ml Milch
Salz, frisch gemahlener Pfeffer
100 ml Weißwein, 1 Eigelb, 100 ml Sahne
60 g frisch geriebener Pyrenäenkäse aus Kuhmilch
1 TL gehackter Estragon
Außerdem:
Butter für die Form
80 g frisch geriebener Pyrenäenkäse aus Kuhmilch
25 g Weißbrotbrösel

Junge Artischocken mit ihren zarten Blättern eignen sich am besten für dieses Gratin.

1. Den Stiel von den Artischocken direkt unter dem Blütenansatz abschneiden und den Boden sofort mit etwas Zitronensaft bestreichen. Die kleinen, harten Blätter rund um den Stielansatz abzupfen. Weiterverfahren, wie in dem ersten Bild oben links gezeigt. Die Artischocken in Salzwasser mit dem restlichen Zitronensaft 15 Minuten kochen und kopfüber abtropfen lassen.

2. Die Schalotten und den Knoblauch schälen und sehr fein hacken. Die Butter in einer Kasserolle zerlassen und Schalotten- und Knoblauchwürfel darin hell angehen lassen. Das Mehl einstreuen und unter Rühren 1 bis 2 Minuten farblos anschwitzen. Die Milch zugießen, glattrühren, salzen, pfeffern und unter ständigem Rühren kochen. Nach 10 Minuten den Weißwein hinzufügen. Eigelb und Sahne miteinander verschlagen, in die Sauce gießen und unter Rühren einmal aufkochen lassen. Den Käse unter Rühren darin schmelzen lassen. Den Estragon einstreuen.

3. Die Artischocken längs halbieren und mit einem Kugelausstecher das »Heu« entfernen, wie im zweiten Bild oben links gezeigt.

4. Eine entsprechend große Auflaufform mit Butter ausfetten. Die Artischockenhälften mit der ausgehöhlten Seite nach oben so in die Form setzen, daß sie einander dachziegelartig überlappen, und mit der Sauce übergießen. Den Käse und die Brotbrösel vermischen und über die Artischocken streuen. Bei 200 °C im vorgeheizten Ofen 15 Minuten überbacken.

Gratinierte Mangoldstiele

EIN REZEPT, WIE ES IM SÜDEN FRANKREICHS, VOR ALLEM IN DER PROVENCE, ZUBEREITET WIRD.

Die fleischigen Stiele der Mangoldblätter haben, vorausgesetzt sie sind frisch und knackig, ein ganz feines Aroma. Sie sind vor allem in Frankreich ein beliebtes Gemüse oder, wie im folgenden Fall, die Zutat für ein delikates Gratin. Dieses könnte man zwar mit den ganzen Blättern ebenso zubereiten, aber das Blattgrün schmeckt feiner, wenn es wie Spinat, also ohne Stiele, zubereitet wird. Nicht vergessen bei diesem Gericht sollte man die original provenzalischen Oliven, denn sie haben einen ganz besonderen Geschmack und passen hervorragend dazu.

1 kg Mangoldstiele
Saft von 1/2 Zitrone
1/4 l Roséwein, zum Beispiel Tavel
2 Lorbeerblätter, mehrere Zweige Thymian
2 TL Salz
70 g Zwiebeln
2 Knoblauchzehen
2 in Salz oder Öl eingelegte Sardellenfilets
3 EL Olivenöl
20 g Mehl, 1/4 l Sahne
100 g frisch geriebener Cantal
etwas frisch geriebene Muskatnuß
frisch gemahlener Pfeffer
100 g provenzalische Oliven
Außerdem:
Butter für die Form
30 g frisch geriebener Cantal oder Gruyère
1 TL Thymianblättchen

1. Die Mangoldstiele waschen, die Fäden abziehen und in 4 cm große Stücke schneiden. In einen Topf geben, Zitronensaft, Wein, Lorbeerblätter, Thymian und Salz zufügen und so viel Wasser eingießen, daß alles gut bedeckt ist. 15 Minuten kochen. Die Mangoldstiele herausheben und 1/4 l des Suds für die Sauce beiseite stellen.

2. Die Zwiebeln und den Knoblauch schälen, die Zwiebel in feine Ringe schneiden, den Knoblauch fein hacken. Die Sardellenfilets fein hacken.

3. Das Öl in einem Topf erhitzen und die Zwiebeln und den Knoblauch darin hell anschwitzen. Die Sardellenfilets zufügen. Das Mehl darüberstauben und farblos mitschwitzen. Mit der Sahne und dem beiseite gestellten Kochsud aufgießen und 10 Minuten köcheln lassen. Den geriebenen Käse darin schmelzen. Mit Muskatnuß und Pfeffer würzen und bei Bedarf auch salzen.

4. Eine feuerfeste Form mit Butter ausfetten. Die Mangoldstiele und die Oliven einfüllen. Die Sauce darübergießen. Bei 180 °C im vorgeheizten Ofen 35 Minuten backen. Das Gratin herausnehmen, mit dem geriebenen Käse bestreuen und weitere 10 Minuten überbacken. Mit Thymianblättchen bestreuen und servieren.

Kalbsnieren unter der Kartoffelkruste

SO VERBINDEN SICH DIE NIEREN BESTENS MIT EINER SAUCE AUS CHAMPIGNONS, COGNAC UND SAHNE.

Innereien haben in den Küchen zahlreicher französischer Regionen einen hohen Stellenwert. Doch sollte man beim Einkauf immer auf beste Qualität achten.

600 g Kalbsnieren
15 g Mehl
Für die Sauce:
80 g Schalotten
1/2 Knoblauchzehe
30 g Stangensellerie
400 g Champignons
50 g Butter, 2 cl Cognac
Salz, frisch gemahlener weißer Pfeffer
edelsüßes Paprikapulver
1 EL gehackte Petersilie
100 ml Kalbsfond
1/8 l Sahne
Außerdem:
500 g festkochende Kartoffeln
30 g frisch geriebene Tomme de Savoie
10 g Butter, in Flöckchen

1. Von den Kalbsnieren Fett und Außenhäutchen entfernen, horizontal durchschneiden und alle Häutchen und harten Röhren aus dem Inneren herausschneiden. Die Nieren mit kaltem Wasser bedecken und 40 Minuten wässern, dabei das Wasser mehrmals wechseln Die Nieren abtrocknen und fein schnetzeln. Mit Mehl bestauben.

Kalbsnieren mit ihrem ausgeprägten Geschmack lassen sich bestens mit einem kräftigen Rotwein aus dem Burgund kombinieren.

2. Für die Sauce die Schalotten und den Knoblauch schälen und sehr fein hacken. Den Stangensellerie putzen und sehr fein hacken. Die Champignons putzen und in Scheiben schneiden.

3. Die Butter in einer Pfanne zerlassen, die Nieren darin kurz braten und herausnehmen. Die Schalotten-, Knoblauch- und Selleriewürfel in der Pfanne hell anschwitzen. Die Champignons 2 bis 3 Minuten mitbraten und die Nieren wieder zufügen. Mit dem Cognac ablöschen. Mit Salz, Pfeffer, Paprikapulver und Petersilie würzen. Den Kalbsfond und die Sahne zugießen und 3 Minuten köcheln lassen.

4. Die Kartoffeln schälen, waschen und auf einem Gemüsehobel in gleichmäßige, 2 mm dicke Scheiben schneiden. Die Scheiben in sprudelnd kochendem Salzwasser 5 Minuten kochen, abseihen und gut abtropfen lassen.

5. Die Nieren mit der Sauce in eine feuerfeste Form verteilen und die Kartoffelscheiben dachziegelartig darauflegen. Mit gebuttertem Pergamentpapier abdecken. Bei 200 °C im vorgeheizten Ofen 10 Minuten garen. Herausnehmen und das Pergamentpapier entfernen. Mit dem geriebenen Käse bestreuen, mit Butterflöckchen belegen und weitere 15 Minuten im Ofen backen.

Persillade ist die klassische französische Kräutermischung aus feingehackten Petersilienblättern, Knoblauch und Schalotten.

Stockfisch-Kartoffel-Gratin

EIN REZEPT, DAS SAISONUNABHÄNGIG SO ODER ÄHNLICH IM SÜDEN FRANKREICHS ZUBEREITET WIRD.

Für dieses Rezept eignet sich Klippfisch genauso gut. Für die Herstellung von Stock- oder Klippfisch werden magere Fische (Kabeljau, Schellfisch, Seelachs, Lengfisch) an der Luft getrocknet. Der Unterschied besteht darin, daß der Stockfisch ungesalzen bleibt, während der Klippfisch zunächst gesalzen und erst nach Erlangen der sogenannten »Salzgare« getrocknet wird.

750 g Stockfisch
600 g mehligkochende Kartoffeln
80 g Stangensellerie
30 g entsteinte schwarze Oliven, 70 ml Olivenöl
150 ml Milch, frisch gemahlener schwarzer Pfeffer
Für die Persillade:
2 Knoblauchzehen, 20 g Schalotte
1 Bund glatte Petersilie
Außerdem:
Olivenöl für die Form, 20 g Semmelbrösel
40 g frisch geriebener alter Gruyère
30 g Butter, in Flöckchen

1. Den Stockfisch mit der Hautseite nach unten in eine entsprechend große Form legen, mit kaltem Wasser bedecken und zugedeckt 24 Stunden in den Kühlschrank stellen, dabei das Wasser mehrmals wechseln.

2. Den Stockfisch aus der Form nehmen und die Haut vollständig abziehen. Die Gräten notfalls mit einer Zange entfernen. Den Fisch in Stücke zerteilen und die Hälfte davon pürieren.

3. Die Kartoffeln waschen, schälen und in etwa 1 cm große Würfel schneiden. In einem Topf mit Wasser bedecken, aufkochen lassen und etwa 20 Minuten garen. Das Wasser abschütten und die Hälfte der Kartoffelwürfel zerstampfen.

4. Den Stangensellerie putzen und in feine Scheibchen schneiden. Die Oliven halbieren. 1 EL Olivenöl in einer Pfanne erhitzen, den Sellerie etwa 5 Minuten darin dünsten, anschließend die Oliven kurz mitdünsten.

5. Für die Persillade den Knoblauch und die Schalotte schälen. Die Petersilie waschen und die harten Stengel entfernen. Den Knoblauch, die Schalotte und die Petersilie zusammen fein hacken und im Mörser nicht zu stark zerreiben.

6. Den pürierten Stockfisch und die zerstampften Kartoffeln in eine Schüssel füllen. Die Milch erhitzen, mit dem restlichen Olivenöl in die Schüssel gießen, pfeffern und alles mit dem Schneebesen sorgfältig verrühren.

7. Eine Gratinform mit Öl auspinseln und das Püree einfüllen. Die Fischstücke und Kartoffelwürfel mit dem Sellerie, den Oliven und der Persillade vermischen und gleichmäßig auf dem Püree verteilen. Die Semmelbrösel mit dem geriebenen Käse vermischen und darüberstreuen. Mit Butterflöckchen belegen und etwa 20 Minuten bei 200 °C im vorgeheizten Ofen überbacken.

Quenelles de sandre gratinées

GRATINIERTE ZANDERKLÖSSCHEN AUF FRANZÖSISCHE ART. JUNGER BÄRLAUCH VERLEIHT IHNEN EIN FEINES AROMA.

Die Quenelles – eine Spezialität aus dem Lyonnais – werden hier einmal nicht aus püriertem Hecht, sondern aus dem ebenfalls sehr schmackhaften weißen Fleisch des Zanders hergestellt. Im Gegensatz zum Hecht hat der Zander das ganze Jahr über Saison, er sollte jedoch ganz frisch verarbeitet werden. Am feinsten schmeckt er mit einem Gewicht von 1 bis 1,5 kg. Für die Quenelles lassen sich allerdings ohne weiteres auch etwas größere Exemplare gut verwenden. Wichtig für das Gelingen: Die Farce muß während der Zubereitung immer gut gekühlt werden. Deshalb ist dafür Sorge zu tragen, daß eine ausreichende Menge Eiswürfel zur Verfügung steht.

Für die Zanderklößchen:
400 g Zanderfilet
400 ml flüssige Sahne
Salz, frisch gemahlener weißer Pfeffer
50 ml leicht geschlagene Sahne, gekühlt
Für die Sauce:
30 g Schalotten, 100 ml Weißwein
2 EL Noilly Prat, 400 ml Fischfond
1/4 l Sahne
Salz, Cayennepfeffer
etwas Zitronensaft, 1 Eigelb
20 g Butter, in Stücken
2 EL Bärlauch, in feine Streifen geschnitten
Außerdem:
Butter für die Förmchen

1. Das Zanderfilet in Stücke schneiden und mit der Sahne gut kühlen. Den Fisch salzen, pfeffern und durch die feine Scheibe des Fleischwolfs treiben. In einer Schüssel auf Eis setzen und mit der Hälfte der Sahne gut verrühren. Das Püree portionsweise in der Küchenmaschine pürieren, aber nicht länger als unbedingt nötig, damit sie sich nicht erwärmt. Die Masse mit einem Spatel durch ein feinmaschiges Sieb streichen um letzte Grätenreste zu entfernen. Die Schüssel wieder auf Eis setzen und die restliche Sahne unterrühren, bis die Farce schön glatt ist. Mit Salz und Pfeffer würzen. Die leicht geschlagene Sahne unterziehen. Mit 2 Löffeln, die im kalten Wasser angefeuchtet werden, 12 ovale Kößchen aus der Farce formen und in Salzwasser 10 Minuten garziehen lassen.

2. Für die Sauce die Schalotten schälen und in Scheiben schneiden. Mit dem Weißwein und dem Noilly Prat in einen Topf geben und aufkochen. Den Fischfond zugießen und auf 1/3 reduzieren. Die Sahne zugeben und so lange köcheln, bis die Sauce sämig ist und die gewünschte Konsistenz hat. Durch ein feines Sieb gießen. Mit Salz, Cayennepfeffer und Zitronensaft würzen Das Eigelb mit 2 EL Sauce separat in einer kleinen Schüssel verquirlen und in die Sauce einrühren, diese darf nicht mehr kochen. Die Butterstücke zugeben und mit dem Stabmixer kurz aufmixen. Die Bärlauchstreifen einrühren.

3. 4 Portionsförmchen dünn mit Butter ausfetten. Die Zandernocken mit einem Schaumlöffel herausheben, gut abtropfen lassen und je 3 Stück in 1 Förmchen setzen. Die Sauce darübergießen. Unter dem vorgeheizten Grill kurz gratinieren.

Die Ratatouille auf 4 feuerfeste Teller anrichten und die Doradenfilets mit der Hautseite nach oben darauflegen. Die Zucchinischeiben schuppenartig auf die Fischfilets legen und die Weißbrot-Gewürz-Mischung gleichmäßig darauf verteilen.

Doradenfilet mit gewürzter Brotkruste

EIN GRATIN, DAS SICH AUCH IN EINZELPORTIONEN BEQUEM ZUBEREITEN LÄSST.

Ob Dorade rose oder Dorade royale, diese feinen Fische schmecken eigentlich pur am besten. Aber sie nehmen es einem auch nicht übel, wenn sie geschmacklich interessant kombiniert werden, wie bei diesem Rezept »ganz typisch mediterran«. Das Fischfilet wird in die würzige Ratatouille eingebettet und mit dünnen Zucchinischeiben, einer knusprigen Brotkruste und einem Hauch von Knoblauch überbacken.

2 Dorades roses (je 600 g)
Salz, frisch gemahlener Pfeffer

Für die Ratatouille:

100 g weiße Zwiebeln, 1 Knoblauchzehe
200 g rote Paprikaschoten
150 g Auberginen
180 g gelbe Zucchini, 250 g Tomaten
4 EL Olivenöl, 100 ml Rotwein
Salz, frisch gemahlener Pfeffer
1 EL gehackte Kräuter (Thymian, Rosmarin, Petersilie)

Für die Brotkruste:

60 g Weißbrot ohne Rinde, 10 Rosmarinnadeln
1 TL Thymianblättchen, Salz, frisch gemahlener Pfeffer

Außerdem:

250 g kleine grüne Zucchini, 3 EL Olivenöl
20 g frisch geriebener Parmesan

Die zarten Doradenfilets garen auf dem Gemüsebett und unter der schützenden Kräuter-Brösel-Parmesankruste genau auf den Punkt.

1. Zwiebeln und Knoblauch schälen und hacken. Die Paprikaschoten halbieren, von Samen und Scheidewänden befreien und das Fruchtfleisch in etwa 1 cm große Rauten schneiden. Auberginen und Zucchini von Stiel- und Blütenansatz befreien und in 1/2 cm große Würfel schneiden. Die Tomaten blanchieren, häuten, Stielansatz und Samen entfernen und das Fruchtfleisch würfeln. Das Olivenöl in einer Pfanne erhitzen und die

Zwiebel- und Knoblauchwürfel darin hell anschwitzen. Paprika- und Auberginenstücke 5 Minuten mitschwitzen. Zucchini und Tomaten zugeben und den Rotwein aufgießen. Mit Salz und Pfeffer würzen, die gehackten Kräuter einrühren und weitere 5 Minuten dünsten.

2. Die Fische mit einem Tuch am Schwanz festhalten, schuppen und die Flossen in Richtung Kopf abschneiden. Von der Afteröffnung her den Bauch aufschneiden und mit den Fingern die Eingeweide herausholen. Die Fische unter fließendem kalten Wasser innen und außen waschen. Zum Auslösen der Filets das Messer flach zwischen Gräten und Fleisch führen, dabei an der offenen Bauchseite das Messer in Höhe der Afteröffnung unter das Fleisch bringen und entlang der Mittelgräte schräg in Richtung Kopf führen. Die Rückenseite aufschneiden, das Messer vom Kopf aus unter das Fleisch bringen und entlang der Mittelgräte in Richtung Schwanz führen. Das Filet an Kopf und Schwanz abtrennen, abheben und den Bauchlappen abschneiden. Die Mittelgräte an Kopf und Schwanz durchschneiden und abheben, so daß auch das zweite Filet frei liegt. Noch vorhandene Gräten mit einer Pinzette entfernen. Die Filets leicht salzen und pfeffern.

3. Die Zucchini von Blüten- und Stielansatz befreien und schräg in 1,5 mm dicke Scheiben schneiden. 1 EL Olivenöl erhitzen und die Filets darin nur auf der Hautseite kurz anbraten. Weiterverfahren, wie gezeigt. Weißbrot, Rosmarin, Thymian, Salz und Pfeffer im Mixer zerkleinern und über die Fischfilets streuen, wie gezeigt. Den Parmesan darauf verteilen und mit dem restlichen Olivenöl beträufeln. Bei 220 °C im vorgeheizten Ofen etwa 6 Minuten überbacken.

Jakobsmuscheln, mit Champagnersauce überbacken

EINE EDLE VORSPEISE, WIE SIE DIE FRANZOSEN LIEBEN. SIE VERLANGT NACH FRISCHEN ZUTATEN UND BESTEM CHAMPAGNER.

Frische Jakobsmuscheln sind im Geschmack unvergleichlich. Wenn sie in diesem Zustand auf dem Markt angeboten werden, sollte man sie den tiefgefrorenen Muscheln vorziehen. Doch auch diese können, wenn sie langsam auftauen, von sehr guter Qualität sein. Sind keine Muschelschalen im Haus, kann man die Muscheln ebenso in kleinen Förmchen gratinieren.

Am besten schmecken die Coquilles St.-Jacques zwischen November und März – die offizielle Fangzeit in Europa. Der orangefarbene Corail ist eine Delikatesse für sich.

4 Jakobsmuscheln
Für die Champagnersauce:
400 ml Kalbsfond, 10 g Butter
20 g Schalotte, fein gehackt
1/4 l Champagner, 1/4 l Sahne
1 TL Mehlbutter, 1 Eigelb
Salz, frisch gemahlener weißer Pfeffer
Für den Spinat:
250 g Spinat, 30 g Butter
Salz, frisch gemahlener weißer Pfeffer
frisch geriebene Muskatnuß

Außerdem:
10 g Butter, 100 ml Champagner
40 g frisch geriebener Pyrenäenkäse aus Kuhmilch

1. Die Muscheln sorgfältig waschen und säubern. Mit einem Küchentuch fest in die Hand nehmen, die flache Schalenhälfte nach oben. Ein spitzes, kurzes, aber starkes Messer zwischen die Schalen schieben und den Muskel an der flachen Innenseite durchtrennen. Die obere Schale abheben. Mit dem Messer am grauen Rand des Fleisches die Muschel rundherum auslösen und herausheben. Den grauen Rand von dem weißen Muskelfleisch und dem orangefarbenen Rogen abziehen. Das weiße Fleisch vom Rogen trennen. Die 4 unteren Schalenhälften warm stellen.

2. Für die Sauce den Fond auf 300 ml reduzieren. Die Butter zerlassen und die Schalotte darin farblos anschwitzen. Mehrmals mit Champagner ablöschen. Mit dem Fond auffüllen und zur Hälfte reduzieren. Inzwischen 2/3 der Sahne reduzieren und dazugießen. Die Sauce mit der Mehlbutter leicht binden. Das Eigelb mit der restlichen Sahne verquirlen und die Sauce damit legieren. Aufkochen, salzen, pfeffern und passieren.

3. Den Spinat verlesen, waschen und gut abtropfen lassen. Die Butter zerlassen und den Spinat darin nur zusammenfallen lassen. Würzen.

4. Das Muskelfleisch horizontal halbieren, salzen, pfeffern. Eine Kasserolle mit Butter ausstreichen, Fleisch und Rogen hineinlegen, mit Champagner bedecken. Vorsichtig garziehen lassen (»absteifen«), herausnehmen, abtropfen lassen. Den Pochierfond stark einkochen, zur Sauce geben.

5. Den Spinat abtropfen lassen und in die angewärmten Muschelschalen verteilen. Das Muskelfleisch und den Rogen darauflegen, mit der Champagnersauce bedecken und mit dem Käse bestreuen. Bei 200 °C im vorgeheizten Ofen auf der obersten Schiene goldgelb überbacken.

Gratin au pistou

»LE PISTOU«, DIE PROVENZALISCHE BASILIKUMSAUCE, GIBT DIESEM GERICHT SEINEN GUTEN GESCHMACK.

Die »soupe au pistou« stand diesem Rezept Pate. Allerdings wird bei diesem Gericht auf Flüssigkeit verzichtet, so daß ein richtiger Eintopf entsteht, der mit Weißbrotbröseln und reichlich Käse gratiniert wird.

250 g getrocknete kleine weiße Bohnen
1 l Gemüsebrühe, 250 g festkochende Kartoffeln
300 g Stangenbohnen, 80 g Stangensellerie mit Grün
100 g Lauch (nur das Weiße), 200 g Zucchini
Salz, frisch gemahlener schwarzer Pfeffer
60 g Makkaroni
Für den Pistou:
30 g Basilikum, 100 g Tomaten
3 Knoblauchzehen, grob gehackt
Salz, frisch gemahlener schwarzer Pfeffer
40 g frisch geriebene Tomme de Savoie
50 ml Olivenöl
Außerdem:
200 g Tomaten zum Belegen, gehäutet
60 g frisch geriebener Parmesan, 20 g Semmelbrösel

Basilikum, wie es auf dem Markt in Aix-en-Provence angeboten wird. Es gibt dem Pistou die richtige Würzung. Pistou wird zu vielen Gemüsegerichten der Region gereicht.

Die Tomatenscheiben kreisförmig auf das Gemüse legen und mit dem Pistou gleichmäßig bedecken.

1. Die Bohnenkerne über Nacht in kaltem Wasser einweichen. Abseihen. In der Gemüsebrühe erhitzen und 30 Minuten köcheln lassen.

2. In der Zwischenzeit die Kartoffeln waschen, schälen und in 2 cm große Würfel schneiden. Die Stangenbohnen putzen und in etwa 4 cm große Stücke schneiden. Den Stangensellerie waschen, das Grün entfernen und fein hacken, die Stangen in feine Scheiben schneiden. Den Lauch putzen, waschen und in Ringe schneiden. Die Zucchini von Blüten- und Stielansatz befreien und in 4 mm dicke Scheiben schneiden.

3. Die Kartoffeln zu den Bohnenkernen geben und 10 Minuten mitkochen. Die Stangenbohnen, den Sellerie und den Lauch weitere 10 Minuten, die Zucchini weitere 5 Minuten mitkochen. Das Selleriegrün einstreuen, salzen und pfeffern.

4. Die Makkaroni in etwa 4 cm große Stücke brechen und in sprudelnd kochendem Salzwasser al dente kochen. Abseihen und zum Gemüse geben.

5. Für den Pistou das Basilikum grob schneiden. Die Tomaten blanchieren, häuten, von den Samen befreien und mit der Gabel zerdrücken. Knoblauch, Salz und Pfeffer im Mörser zerreiben. Basilikum und Tomaten zugeben und mit etwas Käse und Öl zu einer Paste zerstoßen. Den restlichen Käse und das restliche Öl portionsweise einarbeiten. Rühren, bis eine pastenartige Creme entstanden ist.

6. Die Tomaten in 5 mm dicke Scheiben schneiden. Das Gemüse in eine Form füllen. Fortfahren, wie rechts oben gezeigt. Parmesan und Semmelbrösel mischen und daraufstreuen. Bei 200 °C im vorgeheizten Ofen 30 bis 35 Minuten backen.

Die Souffléform mit zerlassener, fast kalter Butter dünn ausstreichen. Den Zucker hineinstreuen und die Form mit beiden Händen drehen, bis er Rand und Boden lückenlos bedeckt. Den restlichen Zucker herausschütten.

Soufflé à la vanille

VANILLESOUFFLÉ, EIN STANDARDREZEPT, DAS AUS DEM REPERTOIRE DER GUTEN KÜCHE NICHT MEHR WEGZUDENKEN IST.

Dieses Vanillesoufflé ist das klassische Rezept für ein süßes Soufflé überhaupt: Es eignet sich gut für Variationen, denn Fruchtauszüge oder Spirituosen können sein Aroma beliebig verändern.

1/4 l Milch
1/2 Vanilleschote
50 g Butter
50 g Mehl
5 Eiweiße, 4 Eigelbe
70 g Zucker
Außerdem:
1 Souffléform (18 cm Durchmesser, 1,3 l Inhalt)
zerlassene Butter für die Form
Zucker zum Ausstreuen der Form
Puderzucker zum Besieben

Die Souffléform vorbereiten, wie oben links gezeigt. Die Milch in einer entsprechend großen Kasserolle aufkochen. Die Vanilleschote längs aufschneiden und in der Milch einmal aufkochen. Die Schote herausnehmen, das Mark herauskratzen und in die Milch zurückgeben. Die weiche Butter mit dem Mehl zusammenwirken, zu einer Rolle formen und in Stücke schneiden. Weiterverfahren, wie gezeigt. Das Soufflé im Wasserbad garen. Dafür die Form in ein 80 °C warmes Wasserbad – der Wasserspiegel sollte bis mindestens zur halben Höhe der Form reichen – setzen und bei 200 °C im vorgeheizten Ofen etwa 40 Minuten garen. Das Soufflé mit Puderzucker besieben und sofort servieren.

Die Mehlbutterstücke nacheinander in die kochende Milch rühren. Rühren, bis das Mehl die Flüssigkeit zu einer homogenen Masse gebunden hat.

Die Hitze abschalten und 1 rohes Eiweiß unter die noch heiße Masse rühren. Schnell und kräftig glattrühren, damit sich das Eiweiß vollständig verteilt.

Die Masse in eine Schüssel umfüllen und etwas abkühlen lassen. Die Eigelbe mit einem Schneebesen nacheinander unter die lauwarme Masse rühren.

In einer zweiten Schüssel den Zucker auf einmal zu den restlichen Eiweißen schütten. Mit dem Schneebesen zu steifem, cremigem Eischnee schlagen.

Den Eischnee unter die Masse melieren. Zuerst 1/4 des Eischnees mit dem Schneebesen unterrühren, dann den Rest mit dem Kochlöffel darunterheben.

Die fertige Soufflémasse bis etwa 1 cm unter den Rand der Souffléform füllen und im 80 °C warmen Wasserbad garen.

Clafoutis

EIN LÄNDLICHER AUFLAUF AUS DEM LIMOUSIN, DER NACH ZUTATEN BESTER QUALITÄT VERLANGT.

Süße, vollreife schwarze Kirschen sind das klassische Obst für dieses Gericht. Doch auch andere Obstarten wie die später reifenden Pflaumen, Aprikosen und im Winter sogar Äpfel eignen sich dafür bestens. Die Auflaufmasse ist meist ein ganz einfacher Biskuit, der aber auch mit Eischnee aufgelockert und entsprechend den verwendeten Früchten gewürzt und mit »Geisten« aromatisiert werden kann.

Für 8 Portionen
Für den Clafoutis:
4 Eier, 80 g Zucker
ausgeschabtes Mark von 1 Vanilleschote
1 Messerspitze Salz, 1 cl brauner Rum
140 g Mehl, 380 ml Milch
500 g Kirschen, entsteint

Rezepte für Sabayons (Weinschaumsaucen) gibt es viele. Das Grundrezept sieht neben Eiern und Zucker Weiß- oder Süßwein vor. Wird jedoch ein kräftiger Rotwein verwendet, erhält der Sabayon einen vollmundigen Charakter, der hervorragend zum Clafoutis paßt.

Für das Rotwein-Sabayon:
6 Eigelbe, 200 g Zucker, 1/4 l Rotwein
Außerdem:
Butter für die Form
Puderzucker zum Besieben

1. Die Eier mit dem Zucker schaumig rühren. Das Vanillemark, das Salz und den Rum untermischen. Mit dem Schneebesen erst das Mehl, dann die Milch unterrühren.

2. Eine Auflaufform von 32 cm Länge mit Butter ausfetten und 1/3 der Auf-

laufmasse einfüllen. Die Kirschen gleichmäßig darauf verteilen und mit der restlichen Masse bedecken. Den Auflauf bei 180 °C im vorgeheizten Ofen 40 bis 45 Minuten backen.

3. Für das Rotwein-Sabayon die Eigelbe und den Zucker mit einem Schneebesen in einer Rührschüssel cremig rühren. Die Schüssel in ein Wasserbad setzen; das Wasser darf aber nicht kochen, sondern soll gerade unter dem Siedepunkt gehalten werden. Den Rotwein zur Eigelb-Zucker-Mischung gießen und mit dem Schneebesen schaumig schlagen, bis die Creme das Doppelte an Volumen erreicht hat.

4. Die Schüssel aus dem Wasserbad nehmen und in eine zweite Schüssel mit Eiswasser stellen. Die Weinschaumsauce mit dem Schneebesen weiterschlagen, bis sie abgekühlt ist. Das Eiswasser bewirkt dabei, daß die Sauce schnell abkühlt, nicht zu sehr an Volumen verliert und so entsprechend schaumig bleibt.

5. Den Clafoutis aus dem Ofen nehmen. Den Garzustand zur Sicherheit noch einmal mit einem Holzstäbchen prüfen. Der Auflauf ist fertig, wenn nichts mehr an dem Stäbchen kleben bleibt. Sofort mit Puderzucker besieben und heiß servieren. Das Sabayon dazu reichen.

Orangensoufflé

EIN SÜSS-SÄUERLICHES DESSERT, DAS BEI JUNG UND ALT VIEL ANKLANG FINDET.

Dieses Rezept ist für eine Souffléform von 20 cm Durchmesser berechnet. Wer sich jedoch die Mühe machen will, als natürliches Behältnis ausgehöhlte Orangen zu verwenden, den belohnt das optische Ergebnis. Dafür sind je nach Größe 8 bis 10 Orangen nötig. Diese müssen vorsichtig ausgehöhlt werden. Besonders sorgfältig muß man die bittere weiße Innenhaut entfernen. Es empfiehlt sich, sie mit einem scharfen Löffel oder Grapefruitmesser auszuschälen. Die Backzeit beträgt etwa 30 Minuten.

Für 6 bis 8 Portionen
2 unbehandelte Orangen
30 g Würfelzucker
60 g weiche Butter, 50 g Mehl
Mark von 1/2 Vanilleschote
1/4 l Milch, 4 cl Orangenlikör
4 Eigelbe, 5 Eiweiße, 60 g Zucker
Außerdem:
zerlassene Butter und Zucker für die Form
Puderzucker zum Besieben

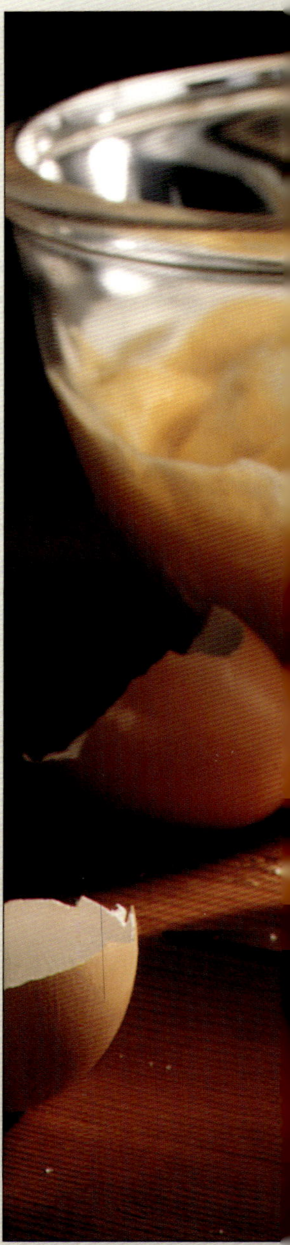

Nur gut ausgereifte Früchte von bester Qualität sollten für das Orangensoufflé verwendet werden.

1. Die Orangen unter fließendem heißen Wasser kräftig abbürsten und abtrocknen. Mit dem Würfelzucker die Schale dünn abreiben und die Zuckerstücke in eine Kasserolle geben. Die Orangen auspressen und den Saft mit dem Zucker aufkochen. Die Flüssigkeit auf die Hälfte einkochen, vom Herd nehmen und erkalten lassen.

2. Butter und Mehl mit einer Gabel gründlich verkneten, zu einer kleinen Rolle formen, in Pergamentpapier einwickeln und im Kühlschrank fest werden lassen. Dann in Scheiben schneiden.

3. Das ausgeschabte Vanillemark mit der Milch in einem Topf aufkochen. Die Mehlbutterscheiben nacheinander unterrühren und so lange rühren, bis das Mehl die Flüssigkeit fast vollständig gebunden hat und eine glatte Masse entstanden ist. Den reduzierten Orangensaft und den Orangenlikör unterrühren. Die Masse abkühlen lassen.

4. Eine Souffléform von 20 cm Durchmesser mit zerlassener, fast kalter Butter ausfetten und gleichmäßig mit Zucker ausstreuen. Den überschüssigen Zucker herausschütten.

5. Die Eigelbe nacheinander unter die Soufflémasse rühren und diese in eine Schüssel umfüllen. Die Eiweiße und den Zucker in eine Schüssel geben und zu steifem Schnee schlagen. Zuerst 1/3 des Eischnees unter die Soufflémasse rühren, dann den Rest vorsichtig unterziehen, damit die Masse möglichst wenig an Volumen verliert. Die Masse in die Form bis zu 2/3 ihrer Höhe füllen und die Oberfläche glattstreichen. Das Soufflé bei 180 °C im vorgeheizten Ofen etwa 40 Minuten backen. Herausnehmen, mit Puderzucker besieben und sofort servieren.

Schokoladensoufflé mit Erdbeersauce

BITTER ABER LUFTIG – AUF JEDEN FALL EIN DESSERT MIT CHARAKTER.

Nur beste, bittere Schokolade sollte man für dieses Soufflé verwenden. Dafür kann entweder geschmolzene Tafelschokolade oder Kuvertüre verwendet werden. Kuvertüre ist jene Schokolade, die speziell für die Verarbeitung in der Küche hergestellt wird.

Für das Soufflé:
50 g weiche Butter, 50 g Mehl
1/4 l Milch, 40 g Kuvertüre, 40 g Kakaopulver
5 Eiweiße, 4 Eigelbe, 70 g Zucker
Für die Erdbeersauce:
250 g vollreife Erdbeeren, 60 g Zucker, 6 cl Wasser
Saft und Zesten von 1/2 unbehandelten Orange
2 cl brauner Rum
Außerdem:
fast kalte zerlassene Butter für die Förmchen
Zucker zum Ausstreuen, Puderzucker zum Besieben

Erdbeersauce ist zwar nicht die klassische Sauce zum Schokoladensoufflé, aber das fruchtige Aroma von frischen Erdbeeren harmoniert besonders gut mit dem Schokoladengeschmack.

8 Förmchen mit Butter einfetten und mit Zucker ausstreuen. Seitenwände und Boden müssen lückenlos bedeckt sein. Den restlichen Zucker ausschütten.

Die Milch in eine Kasserolle gießen. Die Kuvertüre zerkleinern und zugeben. Das Kakaopulver dazusieben und unter Rühren aufkochen.

Die Mehlbutterstücke nacheinander in die kochende Milch rühren, bis das Mehl die Flüssigkeit vollständig zu einer homogenen Masse gebunden hat.

1 Eiweiß unterrühren. Umfüllen. Die Eigelbe nacheinander in die lauwarme Masse rühren und so lange weiterrühren, bis diese wieder glatt und cremig ist.

Zuerst etwa 1/4 des Eischnees mit dem Schneebesen unterrühren, damit die Masse leichter wird. Den restlichen Schnee mit dem Kochlöffel unterheben.

Die Souffléförmchen bis etwa 1 cm unter den Rand füllen, in ein 80 °C warmes Wasserbad stellen und bei 200 °C im vorgeheizten Ofen 40 Minuten garen.

Die Förmchen vorbereiten und das Soufflé zubereiten, wie gezeigt. Dafür die Butter mit dem Mehl zusammenwirken, zu einer Rolle formen und in kleine Stücke teilen. Milch, Kuvertüre und Kakaopulver aufkochen. Die Mehlbutter unterrühren. Die gebundene, homogene, noch heiße Masse vom Herd nehmen und 1 Eiweiß unterrühren. Die Soufflémasse in einer Schüssel lauwarm abkühlen lassen. Die Eigelbe nacheinander unterrühren. Die restlichen Eiweiße mit dem Zucker zu einem noch cremigen Schnee schlagen und unterheben. Die Soufflémasse in die Förmchen füllen und garen. Inzwischen die Erdbeersauce zubereiten. Dafür die Früchte waschen und putzen. Fein pürieren und durch ein Sieb streichen. Zucker und Wasser zum Kochen bringen, den Orangensaft und die Zesten einrühren und etwa 2 Minuten einkochen lassen. Den Rum zugießen. Erkalten lassen und mit dem Erdbeerpüree vermischen. Die Souffléförmchen aus dem Ofen nehmen, sofort mit Puderzucker besieben und servieren.

In Leinentücher eingeschlagen und bis zu seiner Genußreife gelagert, wird auch heute noch ein Spitzen-Cheddar. Die Massenware wird dagegen mit einer Paraffin- oder Kunststoffschicht überzogen.

Stangensellerie mit zweierlei Käse

CHEDDAR UND STILTON, EINE KOMBINATION, DIE ZU STANGENSELLERIE HERVORRAGEND PASST.

Tradition verpflichtet. Wer in London nach englischer Käsequalität auf der Suche ist, kommt an den Käsespezialisten Paxton & Whitfield in der Jermyn Street nicht vorbei.

Ein Gratin, wie man es aus der klassischen französischen Küche kennt, aber zubereitet mit einem sehr englischen Gemüse. Stangensellerie ist eine in England sehr beliebte Gemüseart, und die knackigen rohen Stangen findet man dort auch während der Teatime auf dem Tisch. Bei der Vorbereitung ist es besonders wichtig, daß von den Selleriestangen, nach dem Entfernen der Blätter, die harten Fäden sorgfältig abgezogen werden, weil sie beim Essen sehr unangenehm wären.

Beim Sellerieeinkauf in England sollte man darauf achten, daß es nicht zu einer Verwechslung zwischen Stangensellerie (celery) und Knollensellerie (celeriac) kommt.

1 kg Stangensellerie
40 g Schalotten, 50 g Butter
400 ml Gemüsefond
Salz, frisch gemahlener Pfeffer
Für die Käsesauce:
1/4 l Sahne, 140 g frisch geriebener Cheddar
Salz, frisch gemahlener weißer Pfeffer
Außerdem:
50 g Parmaschinken, in Würfel geschnitten
120 g Blue Stilton, in Würfel geschnitten
1 EL gehackte Blätter vom Stangensellerie

1. Den Sellerie waschen, die grünen Blätter und die groben Fäden entfernen, einige kleine Blättchen beiseite legen. Die Stangen in Stücke schneiden, die der Größe der Auflaufform entsprechen, dabei das untere Ende abschneiden. Wenn die Stangen zu dick sind, diese längs halbieren.

2. Die Schalotten schälen und fein hacken. Die Butter in einer entsprechend großen Kasserolle zerlassen und die Schalottenwürfel darin hell anschwitzen. Die Selleriestangen einlegen, den Gemüsefond zugießen, mit Salz und Pfeffer würzen. Das Ganze etwa 20 Minuten dünsten, bis der Fond fast verdampft ist; es sollte ungefähr 1/8 l Fond übrigbleiben.

3. Für die Sauce den reduzierten Fond mit der Sahne aufkochen und den geriebenen Cheddar darin schmelzen. Mit Salz und Pfeffer würzen.

4. Die Selleriestangen in eine Auflaufform legen und mit den Schinkenwürfeln bestreuen. Mit der Sauce übergießen.

5. Den Sellerie bei 220 °C im vorgeheizten Ofen 10 Minuten backen. Den Blue Stilton auf den Selleriestangen gleichmäßig verteilen und das Gratin weitere 5 Minuten überbacken. Mit den gehackten Sellerieblättchen bestreuen.

Gratin vom Taschenkrebs

EIN ÜBERRASCHENDES OPTISCHES ERLEBNIS: DAS KREBSFLEISCH WIRD IN SEINER NATÜRLICHEN HÜLLE SERVIERT.

Der Taschenkrebs wird bei Köchen immer beliebter, nicht nur weil er preiswert ist, sondern weil man mit ihm kreativ kochen kann.

4 Taschenkrebse (je etwa 400 g)
Für den Sud:
3 l Wasser, 1/2 l Weißwein
Salz, 12 Pfefferkörner, zerdrückt, 1 Lorbeerblatt
60 g Zwiebel, in Scheiben geschnitten
die Blätter von 1 Bund Petersilie
Für die Hummersauce:
200 ml Hummerfond, 15 g Butter, 10 g Mehl
100 ml Sahne, 3 cl weißer Portwein
Salz, frisch gemahlener weißer Pfeffer
Für das Gemüse:
180 g Stangensellerie, 100 g Möhren
100 g Frühlingszwiebeln
30 g Butter, 2 EL gehackte Petersilie
Salz, frisch gemahlener Pfeffer
Außerdem:
100 g Blue Stilton, in 4 Scheiben geschnitten
1 EL Schnittlauchröllchen

Blue Stilton, der Königliche. Dieser cremige Käse ist der bekannteste britische Blauschimmelkäse. Er wird aus pasteurisierter Milch mit 48 % F.i.Tr. hergestellt. Je nach Herstellung, Reifestadium, Schimmelbewuchs und Oberflächenflora schmeckt er mild bis kräftig oder säuerlich bis salzig pikant.

1. Für den Sud alle Zutaten in einem entsprechend großen Topf aufkochen.

2. Die Taschenkrebse nacheinander in den sprudelnd kochenden Sud einlegen, je 10 Minuten kochen, herausnehmen und auskühlen lassen.

3. Von den Taschenkrebsen die Scheren und die Beine abdrehen. Die Schwanzplatte an der Unterseite abheben und mit einer drehenden Bewegung entfernen. Ein Messer zwischen Schale und Unterseite schieben, die Schale dabei mit der linken Hand gut festhalten und ringsum lösen. Den »Körper« herausheben, halbieren und mit einem Teelöffel das Fleisch herausnehmen. Den Panzer an der Unterseite an der geschwungenen Naht mit der Schere anschneiden und ausbrechen. Die Rückenschalen innen und außen waschen.

4. Den Fond auf 100 ml einkochen lassen. Die Butter zerlassen und das Mehl darin unter Rühren hell anschwitzen. Mit dem Fond und der Sahne aufgießen, bei geringer Hitze 10 Minuten köcheln lassen. Den Portwein und die Gewürze zugeben.

5. Das Gemüse putzen beziehungsweise schälen. Den Sellerie und die Möhren in 5 cm lange und 5 mm breite Stifte schneiden. Die Frühlingszwiebeln schräg in Scheibchen schneiden. Die Butter zerlassen und das Gemüse darin 5 Minuten dünsten. Die Petersilie einstreuen, salzen und pfeffern. Das Krebsfleisch vorsichtig unterheben.

6. Die Krebsschalen auf ein Backblech setzen. Die Gemüse-Fleisch-Mischung einfüllen und mit der Sauce begießen. Bei 200 °C im vorgeheizten Ofen 10 Minuten backen. Herausnehmen, den Käse darüber verteilen und gratinieren, bis er geschmolzen ist, das dauert etwa 5 Minuten. Herausnehmen, mit den Scheren anrichten und mit Schnittlauch bestreuen.

Cheddar curd, wie die bei der Herstellung von Cheddar anfallenden Schnitzel auf englisch heißen, ist die gesäuerte Bruchmasse, aus der der Käse hergestellt wird.

Gratinierte Pilze auf Spinat

PILZE, UNTER EINER KÄSESAUCE GRATINIERT, SIND AN SICH SCHON FEIN, MIT SPINAT WERDEN SIE ZUR DELIKATESSE.

Champignons, Morcheln und auch andere Pilze können für dieses Rezept verwendet werden, wenn sie nur möglichst erntefrisch sind. Da Morcheln im Frühjahr wachsen, ergibt dieses Rezept ein schönes Frühlingsessen. Beim Kauf auf dem Markt sollte man darauf achten, daß die Morcheln nicht weich und wäßrig sind und auch keine glasigen Ränder aufweisen.

500 g Spinat
Für die Pilze:
60 g Schalotten
1 Knoblauchzehe
200 g Morcheln
300 g Champignons
50 g Butter
1 Bund Petersilie, gehackt
Salz, frisch gemahlener Pfeffer
50 ml Gemüsefond
Für die Käsesauce:
15 g Butter
5 g Mehl
1/4 l Milch
100 g frisch geriebener Cheddar
Außerdem:
Butter für die Formen

Den Spinat putzen, sorgfältig waschen und gut abtropfen lassen. Die Schalotten und den Knoblauch schälen und fein hacken. Die Morcheln gründlich waschen und längs halbieren. Die Champignons putzen und in Scheiben schneiden. 20 g Butter in einer Pfanne zerlassen, Schalotten und Knoblauch darin hell anschwitzen. Die Pilze zugeben, wie gezeigt, und heiß anbraten, die Hitze reduzieren und die Pilze in 4 bis 5 Minuten gar schmoren. Die gehackte Petersilie zugeben, salzen und pfeffern. Die restliche Butter in einer großen Pfanne zerlassen, den Spinat zugeben, den Gemüsefond angießen und 2 bis 3 Minuten dünsten. Für die Käsesauce die Butter mit dem Mehl gründlich verkneten. Die Milch in einem Topf erhitzen, die Mehlbutter mit einem Schneebesen darin gut verrühren und einige Minuten durchkochen. Den Käse zugeben und unter Rühren schmelzen lassen. 2 feuerfeste Portionsformen mit Butter ausfetten. Die Pilze und den Spinat einschichten, wie gezeigt. Bei 220 °C im vorgeheizten Ofen etwa 15 Minuten gratinieren.

Die Pilze zu den Zwiebeln und dem Knoblauch in die Pfanne geben und heiß anbraten. Die Hitze reduzieren und gar schmoren lassen.

Den Spinat in den ausgebutterten Formen verteilen. Die Pilze auflegen. Mit der Käsesauce übergießen. Im Ofen gratinieren.

Chicorée-Gratin

DER LEICHT BITTERE GESCHMACK VOM CHICORÉE HARMONIERT BESTENS MIT DEM GEKOCHTEN SCHINKEN.

Ein klassisches Rezept, wie es die Belgier lieben, schlicht in der Zubereitung und überzeugend im Geschmack. Als Chicorée werden die zarten Sprossen der Salatzichorie bezeichnet, eine enge Verwandte der an den Wegrändern wachsenden, blau blühenden Wegwarte (Wurzelzichorie), die als Kaffee-Ersatz dient. Die Salatzichorie bildet unter Lichtausschluß kräftige Rüben, aus denen dann die Sprossen treiben. Sie werden im Dunkeln gezogen, denn jeder Lichtstrahl, der sie trifft, verfärbt sie grün und macht sie bitter.

4 Chicorée (je etwa 100 g)
8 Scheiben gekochter Schinken
Salz, frisch gemahlener weißer Pfeffer
125 g Crème double, 50 ml Geflügelfond

Der Käse gibt diesem Gericht den letzten Schliff. Mit Semmelbröseln vermischt, verleiht er dem Gratin eine feine goldbraune Kruste.

Für die Käsekruste:
1 EL Butter, 60 g Semmelbrösel
25 g geriebener Gruyère
25 g geriebene Mimolette vieille
2 EL gehackte Petersilie, 30 g Butter, in Flöckchen
Außerdem:
Butter für die Form

1. Eine Auflaufform mit Butter ausfetten. Den Chicorée putzen und der Länge nach halbieren, den bitteren Kern keilförmig herauslösen. Jede Hälfte mit einer Scheibe Schinken umwickeln und in die Form legen, salzen und pfeffern.

2. Die Crème double mit dem Geflügelfond in einer kleinen Schüssel verrühren und über den Chicorée gießen.

3. Die Butter in einer kleinen Pfanne zerlassen und die Semmelbrösel darin goldgelb rösten. Auf einen Teller geben und auskühlen lassen. Beide Käsesorten und die Petersilie untermischen.

4. Die Semmelbrösel-Käse-Mischung über den Chicorée streuen und mit Butterflöckchen belegen. Das Gratin bei 180 °C im vorgeheizten Ofen in 20 Minuten überbacken.

Rosenkohlauflauf

EIN BODENSTÄNDIGES GERICHT AUS ROSENKOHL UND HACKFLEISCH, ZU DEM KARTOFFELN GUT PASSEN.

Von seiner Heimatstadt Brüssel aus hat sich Rosenkohl nach ganz Europa und Amerika ausgebreitet. Die Mini-Kohlröschen harmonieren mit ihrem herben Geschmack gut mit Käse. Ein belgischer Passendale mit seinem milden bis dezent-pikanten Aroma ist dafür bestens geeignet.

1 kg Rosenkohl
100 g Zwiebeln
60 g roher durchwachsener Speck
1 EL Pflanzenöl
250 g Hackfleisch vom Schwein
150 g Tomaten
Salz
frisch gemahlener schwarzer Pfeffer
1 EL edelsüßes Paprikapulver
1 EL gehackte Petersilie

Für die Sauce:

25 g Butter
30 g Mehl
1/2 l Milch
Salz, frisch gemahlener Pfeffer
frisch geriebene Muskatnuß
1 Eigelb
100 ml Sahne, geschlagen
60 g frisch geriebener Passendale
1 bis 2 EL geschlagene Sahne

Den Rosenkohl putzen, es sollen etwa 800 g übrig bleiben. Die äußeren Blättchen entfernen und weiterverfahren, wie im ersten Bild gezeigt. Salzwasser in einem entsprechend großen Topf zum Kochen bringen und den Rosenkohl in 10 bis 12 Minuten kochen. Herausnehmen und längs halbieren. Die Zwiebeln schälen und fein hacken. Den Speck in kleine Würfel schneiden. Das Öl in einer Pfanne erhitzen und den Speck darin anbraten. Die Zwiebelwürfel hell mitschwitzen. Das Hackfleisch darin braten, bis es krümelig zerfällt. Die Tomaten kurz blanchieren, häuten, Samen und Scheidewände entfernen und das Fruchtfleisch mit einer Gabel zerdrücken. Zum Hackfleisch geben, mit Salz, Pfeffer und Paprikapulver würzen, die Petersilie einrühren und 5 Minuten schmoren lassen. Für die Sauce die Butter zerlassen und das Mehl unter Rühren darin 1 bis 2 Minuten farblos anschwitzen. Die Milch zugießen, glattrühren und mit Salz, Pfeffer und Muskatnuß würzen. Etwa 20 Minuten unter ständigem Rühren kochen. Das Eigelb mit der Sahne verquirlen, die Sauce damit legieren und unter Rühren einmal kräftig aufkochen. Die Sauce durch ein feines Sieb passieren. Nochmals erhitzen und den Käse unter mehrmaligem Rühren darin schmelzen. Erst dann die geschlagene Sahne unterheben. Die Hackfleischmasse in eine entsprechend große Auflaufform einfüllen und den Rosenkohl darüber verteilen, wie gezeigt. Mit der Sauce begießen und bei 200 °C im vorgeheizten Ofen etwa 25 Minuten backen.

Den Strunk eines jeden Rosenkohl-Köpfchens frisch anschneiden und kreuzweise einschneiden.

Den gekochten Rosenkohl gleichmäßig über das Hackfleisch in die Auflaufform verteilen.

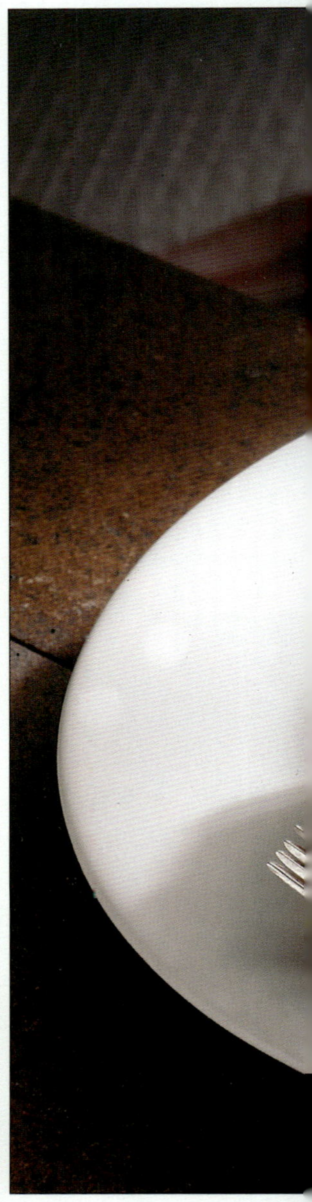

Gratinierte Birnen

ALS NACHSPEISE ODER ZWISCHENGERICHT SIND SIE EINE SÜSSE UND ZUGLEICH HÖCHST PIKANTE SACHE.

Die Kombination der Zutaten in der Füllung macht den Pfiff dieses Rezepts aus: Quark, Zukker und mittelalter, also würziger Gouda. Eine Zusammenstellung, die man nicht für möglich hält, aber die wirklich geschmacklich überzeugt.

4 Birnen (je etwa 240 g)
1 EL Wasser
20 g Zucker
Für den Sud:
2 EL Zitronensaft
100 ml Weißwein
Für die Füllung:
2 Eigelbe
40 g Zucker
1 TL abgeriebene unbehandelte Zitronenschale
80 g Speisequark (10 % Fett)
80 g feingeriebener mittelalter Gouda
Für die Erdbeersauce:
300 g Erdbeeren
80 g Puderzucker
4 cl Erdbeerlikör
Außerdem:
Butter für die Form
Zitronenmelisse zum Garnieren

Die Birnen schälen, mit den Stielen der Länge nach halbieren und das Kerngehäuse entfernen, wie im ersten kleinen Bild gezeigt. Die Birnenhälften aushöhlen, dabei einen etwa 1 cm breiten

Die halbierten Birnen mit einem Kugelausstecher vom Kerngehäuse befreien. Alle Zutaten für die Füllung und die gedünsteten Birnenwürfel gut miteinander verrühren.
Die Birnenhälften jeweils in entgegengesetzter Richtung in eine gefettete Auflaufform legen und die Füllung darin verteilen.

Rand stehen lassen. Das ausgehöhlte Fruchtfleisch würfeln, mit dem Wasser und dem Zucker in einen Topf geben, sehr weich dünsten und auskühlen lassen. Die vorbereiteten Birnenhälften in einem Sud aus Zitronensaft und Weißwein 10 Minuten dünsten, herausheben und abkühlen lassen. Für die Füllung die Eigelbe mit dem Zucker und der Zitronenschale schaumig rühren, den Quark, den frisch geriebenen Gouda und das abgekühlte Birnenfruchtfleisch zugeben und gut miteinander verrühren, wie gezeigt. Eine Auflaufform fetten und die Birnenhälften hineinstellen. Die Füllung darin verteilen. Im vorgeheizten Ofen bei 180 °C in 20 Minuten goldgelb backen. In der Zwischenzeit die Erdbeersauce zubereiten. Dafür die Erdbeeren waschen, putzen und klein schneiden, 50 g beiseite stellen. Den Puderzucker und den Erdbeerlikör in einer Kasserolle erwärmen, die Erdbeeren zufügen und einmal aufkochen lassen. Mit dem Stabmixer pürieren und durch ein Sieb streichen. Zurück in den Topf füllen, die zurückbehaltenen Erdbeerstücke zugeben und nochmals kurz erwärmen. Die fertigen Birnenhälften mit der Erdbeersauce auf Teller anrichten und mit Zitronenmelisseblättchen garnieren.

Spargel in Pfannkuchen, mit Käsesauce gratiniert

FRISCHER SPARGEL IN FEINER HÜLLE: IN HOLLAND ÜBERBÄCKT MAN IHN MIT EINER KÄSESAUCE.

Mit seinem würzigen Geschmack ist ein alter Gouda der richtige Käse, um die zarte Komposition von Spargel und Pfannkuchen geschmacklich abzurunden. In fast zweijähriger Reifezeit bekommt der Käse eine harte Konsistenz und kann dadurch gut gerieben werden.

1 kg weißer Spargel (24 Stangen)
Salz, Saft von 1/2 Zitrone
Für den Pfannkuchenteig:
50 g Mehl
150 ml Milch
2 Eier
20 g Butter, zerlassen
25 g Gouda
30 g Butter zum Ausbacken
Salz, frisch gemahlener Pfeffer

Frischer Spargel steht im Frühling immer in hoher Gunst. Beim Einkauf sollte man darauf achten, daß die Schnittflächen nicht vertrocknet sind und die Haut schön glatt ist. Auch möglichst gleich dick sollten die Stangen sein.

Der lichtempfindliche Spargel wächst in aufgeschütteten Erdwällen, denn jeder Sonnenstrahl verfärbt ihn grün. Bevor die Spitzen die Erdkruste durchbrechen, wird er abgeschnitten. Das ist ein mühsamer Vorgang, denn der Spargel muß Stange um Stange von Hand gestochen werden.

Für die Käsesauce:
20 g Butter, 15 g Mehl, 1/4 l Milch
Salz, frisch gemahlener Pfeffer
frisch geriebene Muskatnuß
1 Eigelb, 50 ml Sahne
30 g frisch geriebener alter Gouda
1 EL geschlagene Sahne, 1 EL gehackte Petersilie
Außerdem:
Butter für die Form
gehackte Petersilie zum Bestreuen

1. Für den Pfannkuchenteig das Mehl in einer Rührschüssel mit der Milch glattrühren. Die Eier aufschlagen, dazugeben und mit einem Schneebesen untermischen. Die zerlassene, lauwarme Butter unter Rühren in einem dünnen Strahl zufügen. Den Teig durch ein feines Sieb passieren.

Den geriebenen Gouda mit je 1 Prise Salz und Pfeffer untermischen, etwa 1 Stunde ruhen lassen.

2. Vom Spargel das untere Ende abschneiden. Die Stangen mit einem scharfen Messer oder einem Sparschäler von oben nach unten schälen, dabei dicht unter dem Kopf ansetzen und nach unten hin dicker schälen. In einem Topf genügend Wasser mit etwas Salz und Zitronensaft aufkochen, den Spargel einlegen und 8 bis 10 Minuten kochen. Herausnehmen und beiseite stellen.

3. Für die Käsesauce die Butter in einem Topf zerlassen und das Mehl darin unter Rühren 1 bis 2 Minuten farblos anschwitzen. Die Milch zugießen, glattrühren und mit Salz, Pfeffer und Muskatnuß würzen. Die Sauce etwa 20 Minuten unter ständigem Rühren kochen. Das Eigelb und die Sahne verquirlen, die Sauce damit legieren und unter Rühren einmal aufkochen. Die Sauce durch ein feines Sieb passieren und erneut erhitzen. Den Gouda darin unter Rühren schmelzen. Die geschlagene Sahne und die Petersilie unterheben.

4. Jeweils etwas Butter in einer Pfanne von 16 cm Durchmesser zerlassen. 1/8 des Teiges hineingießen und den Pfannkuchen von beiden Seiten goldgelb backen. So 8 Pfannkuchen backen.

5. Eine Auflaufform mit Butter ausfetten. Je 3 Spargelstangen in einen Pfannkuchen einrollen und in die Form legen. Mit der Sauce begießen und bei 220 °C im vorgeheizten Ofen 12 bis 15 Minuten überbacken. Mit Petersilie bestreuen.

Die Fischstücke so auf die Kartoffel-Zwiebel-Apfel-Mischung legen, daß diese vollständig bedeckt ist.

Bücklingsgratin mit Kartoffeln

BÜCKLINGE VERTRAGEN EINE HERZHAFTE ZUBEREITUNG, WIE ES DIE FOLGENDE IST.

Die Küche der nordischen Länder war früher in hohem Maße von einer gut funktionierenden Vorratshaltung abhängig, denn die langen Winter ermöglichten es nicht, frische Lebensmittel zu produzieren. Nicht von ungefähr wurden hier die traditionellen Konservierungsmethoden perfektioniert, vor allem das Räuchern, Einsalzen und Trocknen von Fischen. Auch heutzutage erfreuen sich diese Verfahren noch großer Beliebtheit, wie etwa die starke Nachfrage nach beispielsweise geräucherten Heringen, in der Fachsprache »Bücklinge« genannt, beweist.

3 Bücklinge (etwa 600 g), ohne Kopf
750 g festkochende Kartoffeln

Die Kartoffeln erst kurz vor dem Kochen schälen – am besten mit einem Sparschäler – und in Wasser legen, damit sie sich nicht verfärben.

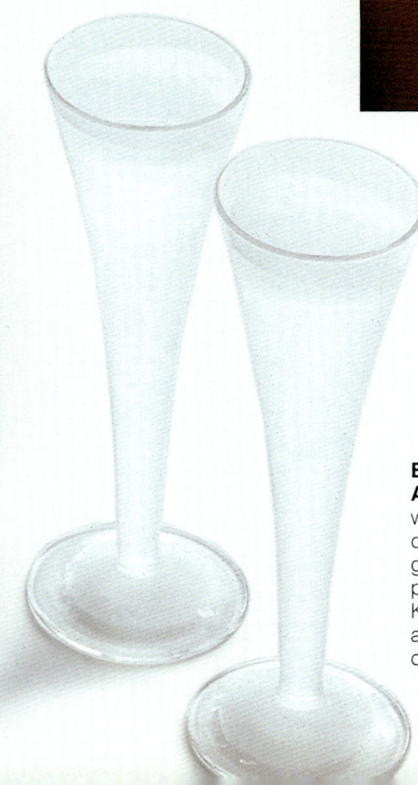

Ein dänischer Aquavit – eiskalt, wie er in den nordischen Ländern getrunken wird – paßt mit seiner Kümmelnote ausgezeichnet zu diesem Gratin.

350 g Zwiebeln
300 g Äpfel
Salz, frisch gemahlener schwarzer Pfeffer
Außerdem:
Butter für die Form
1/4 l Sahne
30 g Butter, in Flöckchen
1 EL gehackte Petersilie

1. Die Bücklinge filetieren, die Haut entfernen und mit einer Pinzette die restlichen Gräten entfernen. In etwa 1,5 cm große Stücke schneiden.

2. Die Kartoffeln, die Zwiebeln und die Äpfel schälen. Die Kartoffeln in 2 mm dicke Scheiben, die Zwiebeln in feine Ringe schneiden. Die Äpfel vierteln, das Kerngehäuse entfernen und das Fruchtfleisch in Spalten schneiden. Alle 3 Zutaten in einer Schüssel miteinander vermischen.

3. Eine entsprechend große Gratinform mit Butter ausfetten und die Hälfte der Kartoffelmischung einschichten, leicht salzen und pfeffern. Die Fischstückchen darauf verteilen, wie in dem kleinen Bild oben links gezeigt. Mit der restlichen Kartoffel-Zwiebel-Apfel-Mischung bedecken und nochmals leicht pfeffern.

4. Das Gratin mit der Sahne übergießen und mit Butterflöckchen belegen. Bei 180 °C im vorgeheizten Ofen in 45 bis 50 Minuten garen. Mit gehackter Petersilie bestreuen.

Blumenkohlauflauf

ALLTAGSKÜCHE – DOCH EINE DELIKATE ANGELEGENHEIT, WENN DER AUFLAUF RICHTIG ZUBEREITET IST.

Blumenkohl wird oft als etwas »Ordinäres« abgetan. Er ist immer verfügbar, relativ billig und riecht, zumindest während der Zubereitung, nicht gerade sehr dezent. Das alles trifft zwar zu, aber Blumenkohl bleibt trotzdem ein feines Gemüse, wenn er nur richtig zubereitet wird. Hier hat er einen geschmacklich ebenbürtigen Partner, den Havarti, einen Käse, der, ähnlich wie deutscher Tilsiter, einen kräftigen Geschmack hat.

1 Blumenkohl (1 kg), Salz, 100 g Zwiebeln
80 g durchwachsener Speck, 250 g Fleischwurst
1 EL Öl, frisch gemahlener weißer Pfeffer
Für die Sauce:
25 g Butter, 30 g Mehl, 1/2 l Milch, Salz
frisch gemahlener Pfeffer, 1 Eigelb, 100 ml Sahne
60 g geriebener Havarti, 1 Bund Schnittlauch

Erntefrisch schmeckt Blumenkohl am besten. Er ist weiß, da ihn die umschließenden Blätter vor der Sonne schützen. Diese werden nach der Ernte gestutzt.

Außerdem:
Butter für die Form

1. Von dem Blumenkohl die eng anliegenden Hüllblätter entfernen. Den Strunk herausschneiden und den Kohl in mittelgroße Röschen zerteilen; es sollen etwa 750 g verbleiben. Unter fließendem Wasser waschen und in sprudelnd kochendem Salzwasser 10 Minuten kochen. Abgießen und gut abtropfen lassen.

2. Die Zwiebeln schälen und ebenso wie den Speck fein würfeln. Die Fleischwurst häuten und in 5 mm große Würfel schneiden. Das Öl in einer Pfanne erhitzen und den Speck darin ausbraten. Die Zwiebel- und Wurstwürfel kurz mitbraten. Je nach Bedarf mit etwas Salz und Pfeffer würzen. Die Blumenkohlröschen zufügen und alles gut miteinander vermischen.

3. Für die Sauce die Butter zerlassen und das Mehl darin unter Rühren 1 bis 2 Minuten farblos anschwitzen. Die Milch zugießen, glattrühren, salzen und pfeffern. Etwa 20 Minuten unter ständigem Rühren kochen. Das Eigelb mit der Sahne verquirlen, die Sauce damit legieren und unter Rühren einmal aufkochen. Durch ein feines Sieb passieren. Den Käse unter Rühren darin schmelzen. Den Schnittlauch waschen, trockenschütteln, in Röllchen schneiden und einstreuen.

4. Eine Form ausfetten und den Blumenkohl einfüllen. Die Sauce darübergießen und bei 200 °C im vorgeheizten Ofen 25 bis 30 Minuten backen.

In Malmö, dem malerischen schwedischen Hafen, kann man viele Spezialitäten der skandinavischen Kochkunst verzehren. Die geographische Nähe schlägt sich auch in den einzelnen skandinavischen Küchen nieder.

Zweierlei Mangold mit Räucherlachs

EIN LUFTIGER FLAN, KOMBINIERT MIT EINEM RAFFINIERTEN GRATIN.

Dieses Rezept ist eine höchst delikate Zusammenstellung, bei der die einzelnen Teile des Stielmangolds getrennt voneinander zubereitet werden: die Stiele mit Würfeln von Räucherlachs, gratiniert mit einer Sauce, und die schmackhaften Blätter als Flan.

Für 6 Portionen
Für den Mangoldflan:
300 g Mangoldblätter, geputzt, Salz
4 Eier, 150 ml Sahne
frisch gemahlener weißer Pfeffer
frisch geriebene Muskatnuß
Für das Mangoldgratin:
300 g Mangoldstiele, geputzt, Salz
100 g Butter
400 ml Gemüsefond
frisch gemahlener Pfeffer
frisch geriebene Muskatnuß, 1 Prise Zucker
150 ml Sahne, 150 ml Crème fraîche
50 g frisch geriebener Parmesan
Außerdem:
zerlassene Butter für die Förmchen
300 g geräucherter Lachs

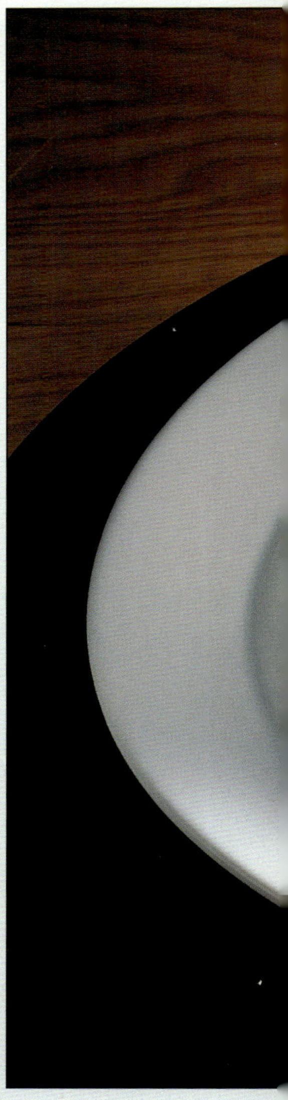

Der optische Eindruck belohnt für die etwas aufwendige Zubereitung dieses äußerst schmackhaften Gerichts.

1. Für den Flan die Mangoldblätter in kochendem Salzwasser 2 bis 3 Minuten blanchieren, herausnehmen und sofort in Eiswasser legen. In einem Sieb gut abtropfen lassen. Im Mixer auf höchster Stufe fein pürieren. Anschließend durch ein Sieb streichen, die Eier und die Sahne zufügen und alles gut miteinander verrühren. Mit Salz, Pfeffer und Muskatnuß würzen.

2. 6 Förmchen von je 100 ml Inhalt mit Butter ausfetten. Die Mangoldmasse einfüllen und die

Förmchen auf die Arbeitsfläche klopfen, damit die kleinen Luftbläschen entweichen können. Bis zur halben Höhe der Förmchen in ein 80 °C warmes Wasserbad setzen. Den Flan bei 160 °C im vorgeheizten Ofen in etwa 35 Minuten stocken lassen.

3. In der Zwischenzeit für das Gratin die Mangoldstiele in 3 cm große Stücke schneiden. In kochendem Salzwasser 3 bis 4 Minuten blanchieren. Die Mangoldstiele herausnehmen und in einem Sieb gut abtropfen lassen.

4. Die Butter in einem entsprechend großen Topf zerlassen und die Mangoldstiele darin leicht andünsten. Mit dem Gemüsefond aufgießen, mit Salz, Pfeffer, Muskatnuß und Zucker würzen. Den Topf zudecken und das Gemüse in 15 Minuten garen. Die Mangoldstiele mit einer Schaumkelle herausnehmen und den zurückbleibenden Fond auf 100 ml einkochen. Die Sahne und die Crème fraîche einrühren und kurz köcheln lassen. Die Mangoldstiele zugeben und den geriebenen Parmesan untermischen.

5. Den Räucherlachs mit einem scharfen Messer in 1 cm große Würfel schneiden und vorsichtig unter das Gemüse heben. Die Mischung auf 6 feuerfeste Teller anrichten und unter dem vorgeheizten Grill 5 bis 6 Minuten gratinieren.

6. Den leicht abgekühlten Flan aus den Förmchen direkt auf die Teller stürzen und sofort mit dem Mangoldgratin servieren. Nach Belieben mit Kresseblüten und glatter Petersilie garnieren.

Pfannkuchen, Leberfüllung, Eischeiben – in dieser Abfolge werden die Zutaten in die Pfanne geschichtet.

Blintschiki

PFANNKUCHEN, MIT KALBSLEBER GEFÜLLT, MIT KÄSE UND EINER WÜRZIGEN BÄRLAUCHSAUCE ÜBERBACKEN.

Für diese russische Spezialität bieten sich verschiedene Käsesorten an, die zunehmend exportiert werden. So etwa der Estonskij, ein milder, gut gereifter Gouda-Typ in Rollenform mit 45 % F.i.Tr., und der Bauskij, ein halbfester Käse von angenehm säuerlichem Geschmack. Doch einen vollwertigen Ersatz bieten auch ein gut gereifter Emmentaler oder ein Gruyère.

Für den Pfannkuchenteig:
1 Eigelb, 15 g weiche Butter, 1/2 TL Salz
3/8 l Milch, 130 g Mehl, 1 Eiweiß
Für die Füllung:
600 g Kalbsleber, 100 g Zwiebeln, 70 g Möhren
1 EL Öl, 30 g Butter
1/2 Bund glatte Petersilie, gehackt
1 TL gehackter Salbei, 10 g Mehl, 150 ml Kalbsfond
Salz, frisch gemahlener weißer Pfeffer
4 hartgekochte Eier

Bärlauch-Liebhaber nutzen die kurze Zeit im Frühling, wenn die Pflanze mit dem Knoblaucharoma im Wald wächst, um delikate Gerichte zu machen. Vorsicht, nicht verwechseln mit den Maiglöckchenblättern, die zwar sehr ähnlich aussehen, jedoch weder duftend noch eßbar sind.

Hauchdünn werden die Pfannkuchen in Rußland gebacken. Sie können auch mit anderen Füllungen, herzhaft oder süß, zubereitet werden.

Für die Bärlauchsauce:
60 g Schalotten
40 g Butter, 150 ml Sahne
Salz, frisch gemahlener weißer Pfeffer
10 g Bärlauch, in feine Streifen geschnitten
Außerdem:
Pflanzenöl zum Ausbacken der Pfannkuchen
Butter für die Pfanne, 50 g frisch geriebener Hartkäse
1 TL gehackte Petersilie

1. Für den Pfannkuchenteig das Eigelb mit der weichen Butter und dem Salz schaumig rühren. Die Milch zufügen, dann das Mehl nach und nach bei ständiger Bewegung unterrühren. Das Eiweiß steif schlagen und vorsichtig unter die Masse heben. In einer Pfanne von 24 cm Durchmesser etwas Öl erhitzen. 1/6 des Teiges hineingießen

und den Pfannkuchen von beiden Seiten goldgelb backen. So 6 Pfannkuchen backen.

2. Für die Füllung von der Leber mit einem spitzen Messer die Häutchen lösen und abziehen. Die Leber sehr fein würfeln. Zwiebeln und Möhren schälen und sehr fein hacken. Öl und Butter in einer Pfanne zerlassen, die Leber darin kurz anbraten und herausnehmen. Zwiebel- und Möhrenwürfel in die Pfanne geben und 5 Minuten anschwitzen. Die Leber wieder zugeben, Petersilie und Salbei einstreuen. Mit Mehl bestauben, durchrühren, den Fond zugießen und 2 Minuten köcheln lassen. Salzen und pfeffern.

3. Die hartgekochten Eier schälen und in gleichmäßig dicke Scheiben schneiden.

4. Für die Sauce die Schalotten schälen und klein würfeln. Die Butter in einer Kasserolle zerlassen und die Schalottenwürfel darin ohne Farbe anschwitzen. Die Sahne zugießen und etwa 5 Minuten einkochen lassen. Salzen und pfeffern. Den Bärlauch einrühren und noch 2 Minuten köcheln lassen.

5. Eine beschichtete Pfanne mit Butter ausfetten. 1 Pfannkuchen hineinlegen, darauf 1/5 der Leber verteilen und mit einigen Eischeiben belegen, wie links oben gezeigt. Auf diese Weise alle Zutaten einschichten und mit einem Pfannkuchen oben abschließen. Die Bärlauchsauce darübergießen und mit dem geriebenen Käse bestreuen. Bei 200 °C im vorgeheizten Ofen 20 Minuten backen. Mit Petersilie bestreuen.

Wirsing-Wild-Gratin

EINE DELIKATE KOMBINATION FÜR DIE WILDSAISON IM HERBST.

Wenn der erste Winterwirsing auf dem Markt erscheint, gibt es auch Damwildfleisch von wildlebenden Tieren, wogegen solches aus Züchtungen inzwischen jederzeit zu bekommen ist. Der geschmackliche Unterschied zwischen wildlebenden und gezüchteten Tieren ist zwar nicht gewaltig, für einen Wildkenner aber doch deutlich zu schmecken. Nach diesem Rezept läßt sich das Gericht ebenso mit Hirsch- oder Rehfleisch zubereiten. Aber auch Gemse oder Wildschaf passen bestens zum Wirsing. Dazu sollte man einen kräftigen Rotwein mit wenig Gerbsäure wählen, denn diese verträgt sich mit dem Wildgeschmack nicht sonderlich gut.

Für das Wildragout:
600 g Damwild- oder Hirschfleisch aus der Keule
50 g Zwiebel, 40 g Möhre
30 g Knollensellerie
30 g Lauch, 150 g Tomaten, 3 EL Pflanzenöl
1 EL Tomatenmark, 400 ml Wildfond
Salz, frisch gemahlener weißer Pfeffer
1 Thymianzweig, 1 Rosmarinzweig
1 Lorbeerblatt
Für das Wirsinggemüse:
60 g durchwachsener Speck
80 g Zwiebeln, 700 g Wirsing
1 EL Pflanzenöl, 100 ml Gemüsefond
1 TL Salz, frisch gemahlener weißer Pfeffer
frisch geriebene Muskatnuß
Außerdem:
80 g frisch geriebener Tilsiter
200 g saure Sahne (10 % Fett)
1 EL Schnittlauchröllchen

Die Kruste aus Käse und saurer Sahne vermischt sich beim Kochen mit der oberen Wirsingschicht. So bleibt das Wildragout darunter unberührt. Die Käse-Wirsing-Kruste ist zu diesem ein geschmacklich interessanter Kontrast.

1. Das Wildfleisch von Haut und Sehnen befreien und in etwa 1,5 cm große Würfel schneiden. Die Zwiebel schälen und fein hacken. Die Möhre und den Knollensellerie schälen und in feine Würfel schneiden. Den Lauch gründlich waschen, alle Sandreste zwischen den Blättern entfernen und die Stange fein würfeln. Die Tomaten blanchieren, häuten, Stielansatz und Samen entfernen und das Fruchtfleisch würfeln.

2. Das Öl in einer Pfanne erhitzen und das Fleisch darin von allen Seiten kräftig anbraten. Das Gemüse 3 Minuten mitbraten. Das Tomaten-

mark einrühren und kurz anziehen lassen, dabei aufpassen, daß es nicht anbrennt, es schmeckt sonst bitter. Mit dem Wildfond aufgießen, salzen und pfeffern. Die Kräuter einlegen, die Pfanne mit einem Deckel schließen und das Fleisch bei geringer Hitze etwa 45 Minuten schmoren lassen.

3. Für das Wirsinggemüse den Speck und die Zwiebeln fein würfeln. Den Wirsing vierteln, den Strunk herausschneiden und den Kohl in feine Streifen schneiden. Das Öl in einem Topf erhitzen und die Speck- und Zwiebelwürfel darin glasig anschwitzen. Den Wirsing zufügen, kurz angehen lassen und dabei mehrmals wenden. Den Gemüsefond aufgießen. Mit Salz, Pfeffer und Muskatnuß würzen, den Topf schließen und den Wirsing in 15 Minuten weich dünsten.

4. Den geriebenen Käse mit der sauren Sahne vermischen. Die Hälfte des Wirsings in eine gefettete Auflaufform verteilen, das Ragout darübergeben und mit dem restlichen Wirsing abdecken. Die Oberfläche mit der Käse-Sahne-Mischung gleichmäßig überziehen. Bei 180 °C im vorgeheizten Ofen 30 Minuten backen. Aus dem Ofen nehmen und mit Schnittlauchröllchen bestreuen.

Die Graupen mit dem Gemüse in der Pfanne gut vermengen. Die Mischung in die Form füllen und mit der Käsesauce übergießen.

Pilzauflauf mit Graupen

EIN FEINES UND ZUGLEICH SÄTTIGENDES GERICHT, MIT FRISCHEN PFIFFERLINGEN ZUBEREITET.

Graupen, schon zu Großmutters Zeiten als Nährmittel beliebt, sind geschälte oder durch Schleifen und Polieren abgerundete Gerstenkörner. Ihr Vorteil gegenüber Gerstengrütze, -mehl und -flocken liegt in der längeren Haltbarkeit, vorausgesetzt, sie werden trocken und luftig gelagert. In diesem Rezept ergänzen sie die Pfifferlinge aufs beste. Und der verwendete Käse, ein gebrühter Hartkäse namens Kaschkawal, meist aus roher Schafmilch oder einer Kombination von Schaf- und Kuhmilch hergestellt, rundet das Ganze geschmacklich ab.

550 ml Fleischbrühe
250 g Graupen, mittlere Größe
100 g Zwiebeln
80 g durchwachsener Räucherspeck
100 g Möhren
60 g Stangensellerie
250 g frische Pfifferlinge
60 g Butter
1 EL gehackte Petersilie
Salz, frisch gemahlener weißer Pfeffer
150 ml Sahne
1 Ei
80 g frisch geriebener Kaschkawal
Außerdem:
Butter für die Form
1 TL gehackte Petersilie zum Bestreuen

1. Die Fleischbrühe in einem Topf zum Kochen bringen, die Graupen zufügen, zudecken und 20 Minuten kochen.

2. Inzwischen die Zwiebeln schälen und in dünne Ringe, den Speck in Streifen schneiden. Die Möhren schälen und in Scheiben schneiden. Den Stangensellerie putzen, die groben Fasern mit einem Messer abziehen und die Stangen in Scheiben schneiden. Die Pfifferlinge putzen und mit Küchenpapier abreiben, größere Pilze halbieren.

3. Die Butter in einer Pfanne zerlassen und die Zwiebeln und den Speck darin glasig anschwitzen beziehungsweise auslassen. Die Möhren und den Sellerie darin 10 Minuten dünsten. Die Pfifferlinge weitere 3 bis 4 Minuten dünsten. Die Petersilie einstreuen und mit Salz und Pfeffer würzen. Die Graupen unter das Gemüse mischen, wie in dem ersten Bild links oben gezeigt.

4. Eine feuerfeste Form mit Butter ausfetten und die Gemüse-Graupen-Mischung einfüllen. Die Sahne mit dem Ei verquirlen, salzen, pfeffern und den geriebenen Käse einrühren. Über die Zutaten in der Form gießen, wie im zweiten Bild links oben gezeigt. Den Auflauf bei 200 °C im vorgeheizten Ofen 20 bis 25 Minuten backen. Mit der Petersilie bestreuen und servieren.

Graupen und reichlich Pilze, eine Kombination, die auch ohne Fleisch ein ganz hervorragendes Essen ergibt – vom Speck mal abgesehen, der mit seinem Raucharoma zur geschmacklichen Abrundung nötig ist.

Im Frühling erfreut der blaue Mohn das Auge mit seinen zart durchscheinenden violettweißen Blüten. Die Samenkapseln beherbergen eine große Anzahl blaugrauer, winziger Samen, die sich ideal zum Backen eignen.

Mohnsoufflé mit Marillen

EIN KÖSTLICHES DESSERT: LUFTIGES SOUFFLÉ ÜBER EINER FEINEN FRUCHTEINLAGE.

Der Mohnanbau hat im östlichen Europa eine lange Tradition. Entsprechend zahlreich sind die Rezepte, in denen die aromatischen Samen verarbeitet werden. Wichtig ist, nur frischen Mohn zu verwenden, da er recht empfindlich ist und leicht ranzig wird. Mit den Marillen, wie die Aprikosen in den ehemaligen k.u.k.-Regionen heißen, kommt eine weitere typische Frucht aus der Gegend hinzu – nicht verwunderlich also, daß gerade diese Kombination sich in jenen Landstrichen großer Beliebtheit erfreut.

Für die Soufflémasse:
100 g gemahlener Mohn
1/8 l Milch, 4 Eigelbe
120 g Zucker
1 gestrichener TL gemahlener Zimt
25 g Speisestärke
3 Eiweiße

Die abgekühlte Mohnmasse zu der Eigelbmischung in den Kessel geben und mit einem Schneebesen unterrühren. Den Eischnee unterheben, dabei darauf achten, daß er nicht an Volumen verliert. Die Marillenhälften mit der Wölbung nach oben dicht aneinander in die Form legen. Die Marzipanwürfel gleichmäßig darüber legen.

Den Mohn am besten in einer speziellen Mohnmühle mahlen. Man kann jedoch auch eine Mandel- oder Kaffeemühle dafür verwenden, in jedem Fall sollte die Mühle anschließend gut mit einem Pinsel gereinigt werden.

Außerdem:
400 g frische Marillen
50 g Marzipanrohmasse
zerlassene Butter und Zucker für die Form
Puderzucker zum Besieben

Den Mohn mit der Milch in einem Topf zum Kochen bringen. Die Masse vom Herd nehmen, zudecken, ausquellen und abkühlen lassen; das dauert etwa 30 Minuten. In der Zwischenzeit die Marillen in kochendem Wasser blanchieren, herausnehmen und die Haut abziehen. Die Früchte halbieren und die Kerne entfernen. Die Marzipanrohmasse in 5 mm große Würfel schneiden. Für die Soufflémasse die Eigelbe, 20 g Zucker und den Zimt in einen Kessel oder eine Rührschüssel geben und mit einem Schneebesen schaumig rühren. Die Speisestärke unterrühren. Die Eiweiße zu steifem Schnee schlagen, dabei den restlichen Zucker langsam einrieseln lassen. Eine Souffléform von 22 cm Durchmesser mit fast kalter zerlassener Butter ausfetten und mit Zucker gleichmäßig ausstreuen, den überschüssigen Zucker herausschütten. Weiterverfahren, wie in der Bildfolge links gezeigt. Die Mohnmasse gleichmäßig über die Marillen verteilen. Bei 160 °C im vorgeheizten Ofen 40 Minuten backen. Mit Puderzucker besieben und sofort servieren.

Nur frischer Spargel läßt sich uneingeschränkt genießen. Den geputzten, geschälten Spargel am besten vor dem Zubereiten in kaltes Wasser legen – so trocknet er nicht so leicht aus.

Spargelsoufflé

WEISS UND GRÜN – DIE FARBEN DES SPARGELS UND DER SAUCE AUS ZUCKERSCHOTEN.

Dieses leichte Gericht kann auch mit grünem Spargel zubereitet werden, der farbliche Kontrast könnte dann mit einer Sauce aus weißem Spargel erreicht werden.

1 kg weißer Spargel, Salz, etwas Zitronensaft
Für die Soufflémasse:
30 g Butter, 30 g Mehl, 100 ml Sahne
frisch geriebene Muskatnuß
frisch gemahlener weißer Pfeffer, 3 Eigelbe
100 g frisch geriebener Bergkäse
3 Eiweiße, 1 Prise Salz
Für die Zuckerschotensauce:
100 g Zuckerschoten, 20 g Butter
60 g Schalotten, fein gehackt
100 g ausgepalte Erbsen (etwa 400 g Erbsenschoten)
300 ml Gemüsefond
60 g eiskalte Butter, in Stücken, Salz, Cayennepfeffer
Außerdem:
Butter für die Förmchen
1 EL Schnittlauchröllchen zum Bestreuen

1. Von dem Spargel das untere Ende abschneiden. Die Stangen von oben nach unten mit einem Sparschäler schälen, dabei dicht unter dem Kopf ansetzen und nach unten dicker schälen. Vorsichtig mit Küchengarn zu Bündeln schnüren. Salzwasser mit etwas Zitronensaft aufkochen, den Spargel einlegen und 10 Minuten kochen. Abgießen, dabei 100 ml von dem Spargelsud auffangen und beiseite stellen. Das Garn von den Spargelbündeln entfernen und den Spargel in etwa 3 cm große Stücke schneiden. 4 Portionsförmchen mit Butter ausfetten und die Spargelstücke darin gleichmäßig verteilen.

Spargel, kombiniert mit jungen Hülsenfrüchten – ein Gericht, das Frühlingsstimmung auf den Tisch bringt. Als Beilage passen knusprige Bratkartoffeln oder Rösti.

2. Für die Soufflémasse die Butter zerlassen und das Mehl bei schwacher Hitze 2 bis 3 Minuten unter kräftigem Rühren darin anschwitzen. Die Sahne und den Spargelsud nach und nach einrühren. Mit Muskatnuß und Pfeffer würzen, aufkochen und unter Rühren 15 Minuten leise köcheln lassen. Die Masse in eine Schüssel umfüllen und etwas auskühlen lassen. Die Eigelbe nacheinander unterrühren. Den geriebenen Käse einrühren. Die Eiweiße mit dem Salz zu steifem Schnee schlagen und unter die noch lauwarme Soufflémasse heben. Über dem Spargel verteilen. Bei 200 °C im vorgeheizten Ofen 20 Minuten backen.

3. Für die Sauce die Zuckerschoten waschen, die Enden abschneiden und die Schoten in Stücke schneiden. Die Butter in einem Topf zerlassen und die Schalotten darin hell anschwitzen. Die Zuckerschoten und die Erbsen kurz mitschwitzen. Den Fond zugießen und 10 Minuten köcheln lassen. Im Mixer fein pürieren, durch ein Sieb passieren und wieder erhitzen. Die Butterstückchen unterrühren. Mit Salz und Cayennepfeffer würzen.

4. Die Portionsförmchen aus dem Ofen nehmen, das Soufflé mit Schnittlauchröllchen bestreuen. Sofort servieren. Die Sauce separat dazu reichen.

Kohlrabigratin

EIN BODENSTÄNDIGES GERICHT, DAS DURCH ALLGÄUER EMMENTALER SEINE WOHLSCHMECKENDE KRUSTE ERHÄLT.

Kohlrabi gehört zu den beliebtesten Gemüsearten der deutschen Küche. Wenn im Sommer die jungen zarten Kohlrabi auf den Markt kommen, ist es Zeit für dieses delikate Gemüsegratin. Am besten schmeckt es mit gut gereiftem Allgäuer Emmentaler, der aber gar nicht so leicht zu bekommen ist, weil er meistens sehr »jung« angeboten wird, etwa mit einem Alter von 2 bis 3 Monaten. Zu diesem Zeitpunkt ist er sehr mild, um nicht zu sagen neutral. Deshalb sollte man im Käsefachgeschäft nach gut durchgereiftem Allgäuer Emmentaler fragen, oder gleich nach dem Schweizer Original, denn der ist in der Regel etwas länger gereift und dadurch pikanter und typischer im Geschmack.

4 Kohlrabi (je etwa 200 g), Salz
Für die Käsesauce:
80 g Frühlingszwiebeln
80 g Schinkenspeck
10 g Butter
80 g frisch geriebener Allgäuer Emmentaler
1 Eigelb
3 EL Sahne
150 g Crème fraîche
Salz, frisch gemahlener schwarzer Pfeffer
1 EL gehackte Petersilie
Außerdem:
Butter für die Förmchen
20 g Mandelblättchen

Der Allgäuer Emmentaler, der beliebte Rohmilchkäse, wird immer nach dem gleichen Prinzip hergestellt wird, gleichgültig ob in großen oder kleinen Mengen. Auf diesem Bild in einer Allgäuer Käserei läuft die Molke des in Tüchern eingeschlossenen Käsebruchs ab, bevor der Käselaib geformt wird.

1. Von den Kohlrabi die Blätter entfernen und die Herzblättchen, das sind die zarten, innersten Blätter, fein hacken und zur Seite legen. Die Knollen schälen und in 3 mm dicke Scheiben schneiden. In kochendem Salzwasser 5 Minuten vorkochen, abgießen und abtropfen lassen.

2. Die Frühlingszwiebeln putzen und in feine Scheiben schneiden. Den Schinkenspeck fein würfeln. Die Butter in einer Pfanne zerlassen, die Zwiebelscheibchen und die Speckwürfel darin kurz anschwitzen, abkühlen lassen.

3. Käse, Eigelb, Sahne, Crème fraîche, Salz, Pfeffer, Petersilie, die gehackten Kohlrabiblättchen und die Zwiebel-Speck-Mischung in eine Schüssel geben und gut miteinander verrühren.

4. 4 Portionsförmchen mit der Butter ausstreichen. Die Kohlrabischeiben abwechselnd mit der Sauce schichtweise in die Förmchen geben. In den auf 180 °C vorgeheizten Ofen stellen und 20 Minuten goldgelb überbacken. Nach 15 Minuten mit den Mandelblättchen bestreuen.

Zucchinigratin mit Garnelen

UNTER EINER KÄSEKRUSTE VERBIRGT SICH DIE DELIKATE FÜLLUNG – EIN IDEALES SOMMERESSEN.

Im Mittelmeerraum wird die anspruchslose Zucchinipflanze schon seit Jahrhunderten kultiviert. Sie blüht und gedeiht dort recht üppig und die Auswahl an Sorten ist groß. Neben den grünen gibt es weiße, gelbe und cremefarbene Früchte, die in verschiedenen Größen angeboten werden. In den letzten Jahren ist die frostempfindliche Pflanze auch in deutschen Gemüsegärten immer öfter anzutreffen, und die Nachfrage nach dem Gemüsekürbis, der jung geerntet besonders zart ist, steigt ständig. Zucchini sind sehr anpassungsfähig und lassen sich vielseitig kombinieren. Ihr festes Fruchtfleisch schmeckt roh leicht nussig, gekocht eher neutral. Sie vertragen sich deshalb mit Fleisch ebensogut wie mit Fisch oder – wie in diesem Rezept – mit Meeresfrüchten und Mais.

Mittelgroße Zucchini sind für dieses Gericht am besten geeignet. Beim Einkauf auf feste Früchte mit makelloser Schale achten.

4 Zucchini (je etwa 250 g)
100 g Zwiebeln
20 g Butter
400 g Maiskörner (aus der Dose)
250 g Sägegarnelen, ohne Schale und Darm
Salz, frisch gemahlener schwarzer Pfeffer
Für die Sauce:
50 g Butter, 20 g Mehl
400 ml Milch
Salz, frisch gemahlener Pfeffer
100 g frisch geriebener Emmentaler

Außerdem:
Butter für die Form
30 g frisch geriebener Emmentaler
Dillzweige zum Garnieren

Sägegarnelen gehören zu den besonderen Delikatessen des Meeres, doch sie sind nicht überall erhältlich. Alternativ können andere kleine Kaltwasser-Garnelen verwendet werden.

1. Die Zucchini waschen, den Stielansatz entfernen, das Fruchtfleisch der Länge nach halbieren und mit einem Löffel so aushöhlen, daß eine dünne Außenwand stehen bleibt. Das ausgelöste Fruchtfleisch der Zucchini fein würfeln. Die Zwiebeln schälen und fein hacken.

2. Die Butter in einer Pfanne zerlassen und die Zwiebelwürfel darin hell anschwitzen. Die Zucchiniwürfel kurz mitschwitzen. Den Mais und die Garnelen dazugeben, mit Salz und Pfeffer würzen und alle Zutaten gut miteinander vermischen. Beiseite stellen.

3. Für die Sauce die Butter in einer Kasserolle zerlassen und das Mehl unter Rühren darin farblos anschwitzen. Die Milch zugießen, glattrühren, salzen und pfeffern und etwa 10 Minuten unter ständigem Rühren kochen lassen. Die Sauce durch ein feines Sieb passieren und erneut erhitzen. Den Käse unter Rühren darin schmelzen.

4. Eine entsprechend große Auflaufform mit Butter ausfetten. Die ausgehöhlten Zucchinihälften hineinlegen und mit der Gemüse-Garnelen-Mischung füllen. Die Sauce darübergießen und mit dem Käse bestreuen. Die gefüllten Zucchini bei 200 °C im vorgeheizten Ofen etwa 30 Minuten überbacken. Mit Dillzweigen garnieren.

Kräutersoufflé

FRISCH GEERNTETE KRÄUTER UND EINFACHE, ABER BESTE ZUTATEN – EIN GENUSS FÜR GAUMEN UND AUGE.

Leichter und luftiger kann man Käse und Kräuter nicht genießen! Außerdem entfalten die Kräuter bei diesem Gericht ihr Aroma aufs Beste. Ein solch feines Soufflé ist durchaus keine Hexerei. Doch ist die Verwendung bester Zutaten – vor allem ganz frischer Kräuter – äußerstes Gebot. Die Auswahl der Kräuter kann nach eigenem Gusto beliebig variiert werden, wobei man sich in erster Linie davon leiten lassen sollte, was der Markt oder der eigene Garten gerade bietet.

60 g Butter
30 g Mehl
1/4 l Milch
1/2 TL Salz
frisch gemahlener weißer Pfeffer
frisch geriebene Muskatnuß

Die Milch nach und nach unterrühren. Mit Salz, Pfeffer und Muskatnuß würzen. Zum Kochen bringen und 20 Minuten köcheln lassen. Dabei ständig mit dem Schneebesen am Topfboden entlangfahren, um ein Ansetzen zu verhindern. Die Sahne einrühren. Vom Herd nehmen.

Die Eigelbe nacheinander unter die Masse rühren. Erst wenn ein Eigelb ganz untergemischt ist, das nächste zugeben.

Kräuter, Knoblauch und Käse zugeben. Etwas abkühlen lassen.

Den Eischnee mit einem Spatel vorsichtig unter die Kräuter-Käse-Mischung heben.

Die Auswahl der Kräuter richtet sich nach dem Angebot. Der aromatische Strauß auf dem Foto besteht aus Basilikum, Schnittlauch, Oregano, Salbei, Liebstöckel, Thymian, Petersilie, Boretsch und Rosmarin.

4 EL Sahne
5 Eigelbe
1 Knoblauchzehe
5 EL gehackte gemischte Kräuter
150 g frisch geriebener Emmentaler
5 Eiweiße
Salz
Außerdem:
Butter und Semmelbrösel für die Form

Die Butter in einer Kasserolle zerlassen. Das Mehl auf einmal zuschütten und unter ständigem Rühren bei geringer Hitze 2 bis 3 Minuten farblos anschwitzen. Weiterverfahren, wie in den ersten 3 Aufnahmen der Bildfolge gezeigt. Nachdem die Eigelbe einzeln gut untergerührt sind, die Sauce in eine Rührschüssel umfüllen. Die Knoblauchzehe schälen und durch eine Knoblauchpresse drücken. Weiterverfahren, wie gezeigt: Die Kräuter (zum Beispiel Petersilie, Schnittlauch, Salbei, Pimpinelle, Oregano, Basilikum, Boretsch), den Knoblauch und den geriebenen Käse unter die Sauce mischen und diese leicht abkühlen lassen. Die Eiweiße mit etwas Salz zu steifem Schnee schlagen und mit einem Spatel vorsichtig unter die lauwarme Kräuter-Käse-Mischung heben. Eine Souffléform mit 1 l Inhalt mit Butter gut ausfetten und mit Semmelbröseln gleichmäßig ausstreuen. Die Soufflémasse einfüllen und bei 180 °C im vorgeheizten Ofen 35 bis 40 Minuten backen. Das Soufflé aus dem Ofen nehmen und sofort servieren.

Beim Emmentaler-Kauf darauf achten, daß es ein alter, gut gelagerter Käse ist. Ab einem Alter von mindestens 4 Monaten schmeckt Emmentaler leicht pikant und läßt sich auch besser reiben. Wenn kein alter Emmentaler zu bekommen ist, kann man auf einen entsprechend lang gelagerten Bergkäse oder Gruyère zurückgreifen.

Brokkolisoufflé

EIN BEISPIEL FÜR DIE NEUE KÜCHE IN DEUTSCHLAND IST DIESE KREATION AUS PÜRIERTEM GEMÜSE.

Brokkoli als Gemüse ist auf der Beliebtheitsskala in den letzten Jahren rasant nach oben geklettert. Neben seiner dekorativen Farbe ist es der dezentere Geschmack, der ihn gegenüber anderen Kohlsorten auszeichnet. Beide Kriterien kommen auch bei dem fertigen Brokkolisoufflé zur Geltung, das hervorragend dazu geeignet ist, als warme Gemüsevorspeise gereicht zu werden. Dann reicht es für 6 bis 8 Portionen oder als Hauptgericht für 4 Portionen. Dazu paßt ein mit Joghurtdressing angemachter Blattsalat.

500 g Brokkoli
Salz
50 g Butter, in Flöckchen
1 TL Salz, frisch gemahlener weißer Pfeffer
frisch geriebene Muskatnuß
1 TL Currypulver
80 g frisch geriebener Emmentaler
4 Eigelbe
20 g Mehl, gesiebt
6 Eiweiße
1 Messerspitze Salz
Außerdem:
zerlassene Butter und Mehl für die Formen

1. Den Brokkoli in Röschen teilen, die Stiele schälen und klein schneiden. In kochendem Salzwasser 10 Minuten garen, herausnehmen und auf Küchenpapier gut abtrocknen lassen. Im Mixer fein pürieren.

2. Das Püree in einen Topf füllen, kurz erwärmen, die Butterflöckchen unterrühren und aufkochen. Mit Salz, Pfeffer, Muskatnuß und Currypulver würzen. Den Käse unter die Brokkolimasse rühren. Abkühlen lassen. Die Eigelbe nacheinander unter das Püree mischen. Das gesiebte Mehl einrühren.

3. Zwei Souffléformen mit 400 ml Fassungsvermögen mit fast kalter zerlassener Butter ausfetten. Etwas Mehl hineinstreuen und die Formen mit beiden Händen drehen, bis die Ränder und die Böden lückenlos bedeckt sind. Das überschüssige Mehl herausschütten.

4. Die Eiweiße mit Salz steif schlagen und unter die Brokkolimasse heben. Die Masse bis 1 cm unter den Rand in die Formen füllen.

5. Das Soufflé bei 200 °C in den vorgeheizten Ofen stellen und in 30 Minuten backen. Aus dem Ofen sofort auf den Tisch bringen, da das zarte Soufflé nach dem Backen leicht zusammenfällt.

Schön grün ist Brokkoli – folglich auch das Soufflé – und im Aroma wesentlich feiner als Blumenkohl. Das Currypulver gibt dem Gericht eine ganz besondere Note, die aber durchaus nicht jedermanns Sache ist. Deshalb sollte man die Würzung erst einmal mit einer kleinen Teigmenge probieren, bevor nichts mehr zu ändern ist.

Nudelauflauf mit Schinken und Gemüse

WENN MIT NUDELN GEKOCHT WIRD, DARF ES AUCH BEI UNS »ITALIENISCH« ZUGEHEN.

Nudelaufläufe sind die »Sattmacher« der Alltagsküche, aber sie können trotzdem ganz schön raffiniert zubereitet werden und müssen nicht schwer oder belastend sein, wie dieses Rezept beweist. Dazu gehören viel frisches Gemüse und Nudeln, die den Auflauf in seiner Struktur locker halten, also kleine Röhrennudeln wie Penne, Ditali, Hörnchen oder die im Rezept verwendeten Malloreddus aus Sardinien.

500 g Tomaten
200 g Zucchini
300 g Erbsenschoten
100 g Zwiebeln
2 Knoblauchzehen
12 schwarze Oliven
200 g gekochter Schinken
250 g Malloreddus sardi oder kleine Röhrennudeln
50 ml Pflanzenöl

Schichtweise eingefüllt, bleibt das Gemüse zwischen den zwei Lagen von Nudeln schön saftig.

Frische Kräuter gehören in einen Nudelauflauf. Wer sie selbst auf der Fensterbank oder im Gewächshaus zieht, hat in puncto Frische keine Probleme.

Salz, frisch gemahlener Pfeffer
1/2 TL gehackter Thymian
2 EL in Streifen geschnittenes Basilikum
1 EL gehackte Petersilie
60 g frisch geriebener Pecorino
1 Ei
100 ml Sahne
Außerdem:
Öl für die Form
2 bis 3 EL zerlassene Butter

1. Die Tomaten blanchieren, häuten, Stielansatz und Samen entfernen und das Fruchtfleisch in Achtel schneiden. Die Zucchini waschen, die

Blüten- und Stielansätze entfernen und das Fruchtfleisch in 3 cm lange, nicht zu feine Stifte schneiden. Die Erbsen auspalen. Die Zwiebeln und die Knoblauchzehe schälen und fein hacken. Die Oliven halbieren und entsteinen. Den Schinken in Streifen schneiden.

2. Die Malloreddus in sprudelnd kochendem Salzwasser al dente garen, abgießen und gut abtropfen lassen.

3. Inzwischen das Öl in einer Pfanne erhitzen und die Zwiebel- und Knoblauchwürfel darin hell anschwitzen. Die Tomaten und die Zucchini 1 bis 2 Minuten mitschwitzen. Salzen und pfeffern und mit der Hälfte der Kräuter bestreuen. Den Schinken mit den Erbsen und den Oliven unter das Gemüse mischen.

4. Eine feuerfeste Form mit Öl ausfetten und die Hälfte der Nudeln einfüllen. Die Gemüsemischung darauf verteilen und mit den restlichen Nudeln abdecken. Mit dem Käse bestreuen, das Ei mit der Sahne und den restlichen Kräutern gut verrühren und gleichmäßig in die Form verteilen. Den Auflauf bei 200 °C im vorgeheizten Ofen 30 bis 40 Minuten backen, dabei ab und zu mit zerlassener Butter beträufeln.

Käsesoufflé-Roulade mit Zucchinifüllung

SOUFFLÉ EINMAL GANZ ANDERS: ALS PLATTE GEBACKEN, AUFGEROLLT UND MIT EINER GEMÜSEMISCHUNG GEFÜLLT.

Die Basis für die Roulade ist ein auf einem Backblech flach gebackenes Soufflé. Da seine Konsistenz fester sein muß als bei einem in einer Form gebackenen Soufflé, wird ein Verhältnis von Eiweiß zu Eigelb von 1:1 benötigt.

Für die Käsesoufflé-Roulade:
30 g Butter, 30 g Mehl, 1/4 l Milch, 5 Eigelbe
Salz, frisch gemahlener weißer Pfeffer
60 g frisch geriebener Parmesan, 5 Eiweiße
Für die Zucchinifüllung:
700 g Zucchini, 80 g Zwiebeln, 1 Knoblauchzehe
100 g frische Champignons, 30 g Butter, Salz, Pfeffer
1 EL gehackte Kräuter (Thymian, Petersilie), 1 Ei
Für die scharfe Tomatensauce:
400 g Tomaten, gehäutet, 40 g weiße Zwiebel
1 kleine grüne Chilischote, ohne Samen
1 EL Weißweinessig, 5 EL Olivenöl
Salz, 1 EL Basilikum, in Streifen geschnitten
Außerdem:
Butter für die Form, 30 g zerlassene Butter
30 g frisch geriebener Parmesan zum Bestreuen

Die Butter zerlassen und das Mehl darin unter Rühren ohne Farbe anschwitzen. Die Milch unter ständigem Rühren nach und nach zugießen und 15 Minuten köcheln lassen. Die Masse in eine Schüssel umfüllen und etwas abkühlen lassen. Die Eigelbe nacheinander einrühren, salzen, pfeffern und den Parmesan untermischen. Die Eiweiße mit einer Prise Salz zu steifem Schnee schlagen und locker unterheben. Ein Backblech von etwa 40 x 30 cm Größe mit wiederverwendbarer Backfolie belegen. Die Soufflémasse darauf verstreichen, wie gezeigt. Bei 180 °C im vorgeheizten Ofen 15 Minuten backen. Aus dem Ofen nehmen, die Souffléplatte auf Pergamentpapier stürzen und die Backfolie vorsichtig abziehen. Für die Füllung die Zucchini waschen und in 1/2 cm große Würfel schneiden. Die Zwiebeln und den Knoblauch schälen und fein würfeln. Die Champignons putzen und fein hacken. Die Butter zerlassen und die Zwiebel- und Knoblauchwürfel darin hell anschwitzen. Zucchini und Champignons zugeben, mit Salz und Pfeffer würzen und die Kräuter unterrühren. 10 Minuten dünsten, bis die Flüssigkeit fast verdampft ist. Etwas abkühlen lassen und das Ei unterrühren. Eine Auflaufform mit Butter ausfetten und weiterverfahren wie gezeigt. Die gefüllte Käseroulade bei 180 °C im vorgeheizten Ofen 15 Minuten backen. Für die Sauce von den Tomaten Stielansatz und Samen entfernen und das Fruchtfleisch fein würfeln. Die Zwiebel schälen und fein hacken. Die Chilischote in feine Ringe schneiden. Alles in eine Schüssel geben, den Essig und das Öl unterrühren, salzen und das Basilikum einstreuen. Die Roulade aus dem Ofen nehmen, in Scheiben schneiden und mit der Sauce anrichten.

Die Soufflémasse auf das Backblech gießen und mit einer Winkelpalette gleichmäßig verstreichen.

Die Füllung auf der gebackenen Souffléplatte verteilen, dabei an den langen Seiten einen 2 cm breiten Streifen frei lassen.

Die bestrichene Souffléplatte von der langen Seite aus aufrollen. Dabei das Pergamentpapier vorsichtig abziehen.

Die Roulade in die gefettete Form legen, mit der zerlassenen Butter beträufeln und mit dem Parmesan bestreuen.

Kirschenmichel

EIN SÜSSER, FRUCHTIGER AUFLAUF, DER IN JEDER REGION EINEN ANDEREN NAMEN HAT.

Im Frühsommer, wenn es Kirschen im Überfluß gibt, ist er nicht nur Nachspeise, sondern auch ein beliebtes Hauptgericht. Kirschen – es können übrigens auch süße, reife Pflaumen sein – und altbackenes Weißbrot oder Semmeln sind die wesentlichen Zutaten. Die Eier bringen die nötige Bindung und Luftigkeit, und mit Mandeln, Kirschwasser oder anderen Gewürzen kann man dem Auflauf eine eigene Note geben.

Für 6 Portionen
4 Semmeln (200 g), 1/8 l Milch, 750 g Süßkirschen
125 g weiche Butter, 150 g Zucker
ausgeschabtes Mark von 1 Vanilleschote, 1 Prise Salz
4 Eigelbe, 50 g gehackte Mandeln
1 TL gemahlener Zimt
2 EL Kirschwasser, 4 Eiweiße
Für die Vanillesauce:
6 Eigelbe, 100 g Zucker, 1/2 l Milch
ausgeschabtes Mark von 1/4 Vanilleschote
Außerdem:
Butter und Semmelbrösel für die Form

Vollreife, süße Kirschen braucht man für den Auflauf, aber es können auch Sauerkirschen sein. Ihr besonders feines Aroma macht eine solch einfache Mehlspeise zur Delikatesse. Dazu paßt Vanillesauce.

1. Die Semmeln klein würfeln und 15 Minuten in der Milch einweichen. Die Kirschen waschen, abtropfen lassen, entstielen und entsteinen.

2. Butter, Zucker, Vanillemark und Salz schaumig rühren und die Eigelbe zufügen. Nacheinander die Brotwürfel, die Mandeln, den Zimt und das Kirschwasser unterrühren. Die Eiweiße steif schlagen und unterziehen. Die Kirschen unterheben.

3. Eine Form ausfetten und mit Semmelbröseln ausstreuen. Die Masse einfüllen. Bei 200 °C im vorgeheizten Ofen 45 bis 50 Minuten backen.

4. Inzwischen die Vanillesauce zubereiten. Die Eigelbe und den Zucker mit einem Schneebesen vermengen, dann cremig, aber nicht schaumig rühren. Die Milch mit dem Vanillemark aufkochen. Die noch heiße Milch portionsweise unter die Eigelbcreme rühren. In einen Topf umfüllen und unter ständigem Rühren bis »zur Rose abziehen«. Das heißt, die Sauce ist dann genügend erhitzt, wenn sie auf dem Kochlöffel leicht angedickt liegen bleibt oder sich beim Daraufblasen Kringel zeigen, die an die Form einer Rose erinnern. Sollten sich kleine Klümpchen gebildet haben, die Sauce durch ein feines Sieb passieren.

Pfirsichauflauf mit Baisergitter

EIN FRUCHTIGES DESSERT MIT MANDELCREME, UNTER EINEM ZARTEN BAISER VERSTECKT.

Pfirsiche sind Saisonfrüchte, die im Hochsommer in bester Qualität zu uns auf die Märkte kommen. Ausgereifte Früchte entwickeln ein angenehmes Aroma. Mit ihrem relativ festen Fruchtfleisch eignen sie sich gut für Gerichte aus dem Ofen.

1 kg Pfirsiche
3/8 l Weißwein (Beerenauslese)
100 g Zucker
Schale von 1/2 unbehandelten Zitrone
Für die Mandelcreme:
150 g Marzipanrohmasse
75 g Butter
90 g Zucker
3 Eigelbe
75 g geschälte, geriebene Mandeln
15 g Speisestärke
3 Eiweiße
Für die Baisermasse:
3 Eiweiße
150 g Zucker
Außerdem:
Butter für die Form
10 g gehobelte Mandeln

Die Pfirsiche in kochendem Wasser kurz blanchieren, herausnehmen und häuten. Die Früchte mit einem Messer an ihrer natürlichen Nahtstelle teilen und den Kern entfernen. Den Wein mit dem Zucker und der Zitronenschale in einem Topf um die Hälfte einkochen lassen. Die halbierten Pfirsiche darin 5 Minuten kochen, zur Seite ziehen und abkühlen lassen. Für die Mandelcreme die Marzipanrohmasse mit der Butter und der Hälfte des Zuckers verkneten, die Eigelbe zugeben und alles mit dem Schneebesen schaumig rühren. Die geriebenen Mandeln mit der Speisestärke mischen und unterrühren. Die Eiweiße zu steifem Schnee schlagen, dabei den restlichen Zucker einrieseln lassen. Unter die Marzipan-Mandel-Masse heben. Eine Auflaufform mit Butter ausfetten und 1/3 der Creme auf dem Boden verstreichen. Die Pfirsichhälften mit der Schnittfläche nach oben auflegen. Die restliche Mandelcreme in einen Spritzbeutel mit Lochtülle Nr. 8 füllen. Weiterverfahren, wie in den beiden ersten Bildern gezeigt. Für die Baisermasse die Eiweiße steif schlagen, dabei den Zucker nach und nach einrieseln lassen. Die Baisermasse in einen Spritzbeutel mit Sterntülle Nr. 12 füllen. Die Form aus dem Ofen nehmen und ein Baisergitter aufspritzen, wie gezeigt. Mit den Mandelblättchen bestreuen. Unter den vorgeheizten Grill stellen und 2 Minuten überbacken, das Baiser sollte schön hellbraun sein.

Die Mandelcreme mit dem Spritzbeutel zunächst in die Räume zwischen den Pfirsichhälften spritzen.

Die Creme in Längsstreifen über die Pfirsiche spritzen. Bei 190 °C im vorgeheizten Ofen 25 Minuten backen.

Die Baisermasse mit dem Spritzbeutel als diagonales Gitter auf die Oberfläche spritzen.

Rhabarber – frisch aus dem Garten schmeckt er am besten.

Rhabarberauflauf

EIN BELIEBTES DESSERT ODER EIN SÜSSER LUNCH IM FRÜHLING, MIT VANILLESAUCE SERVIERT.

Die Säure des Rhabarbers ist schon extrem, und deshalb gibt es wohl beim Rhabarber keinen Kompromiß – er wird geliebt oder abgelehnt. Doch dieses Rezept könnte vielleicht auch manchen Skeptiker umstimmen.

Für 6 Portionen

700 g Rhabarber, 250 g Erdbeeren

Für den Teig:

3 Eigelbe, 60 g Honig
2 cl Rum, 100 g Butter
100 g Weizenvollkornmehl (Type 1050)
50 g geriebene Mandeln mit Schale
1/4 l Milch, 3 Eiweiße, 50 g Zucker

Für die Vanillesauce:

1/2 l Milch, 40 g Zucker
1/2 Vanilleschote
10 g Speisestärke, 2 Eigelbe

Rhabarber und Erdbeeren, eine Mischung, die sich bei Konfitüre längst bewährt hat. Der Rhabarber bringt die ausreichende Säure und die Erdbeeren – auf jeden Fall müssen es vollreife und süße Früchte sein – das zusätzliche Aroma.

Außerdem:

Butter für die Form
Puderzucker zum Bestauben

1. Eine Pieform von 28 cm Durchmesser mit Butter ausfetten. Den Rhabarber waschen, die Fäden abziehen und die Stangen in 2 bis 3 cm große Stücke schneiden. Die Erdbeeren putzen, waschen, gut abtropfen lassen und halbieren. Beides in der Pieform verteilen.

2. Für den Teig Eigelbe, Honig und Rum gut vermischen. Die Butter zerlassen, einrühren. Mehl und Mandeln vermischen und abwechselnd mit der Milch unter die Buttermasse rühren. Die Eiweiße steif schlagen, dabei den Zucker nach und nach einrieseln lassen. Vorsichtig unter den Teig heben. Diesen über dem Obst verstreichen.

3. Den Auflauf bei 180 °C im vorgeheizten Ofen etwa 40 Minuten backen. Sollte die Oberfläche stark bräunen, mit Pergamentpapier oder Alufolie abdecken. Mit Puderzucker bestauben.

4. Während der Backzeit die Vanillesauce zubereiten. Dafür von der Milch 2 bis 3 EL zum Anrühren der Speisestärke abnehmen und den Rest mit dem Zucker und der Vanilleschote zum Kochen bringen. In der Zwischenzeit die Speisestärke mit der Milch und den Eigelben gut verrühren. Die Vanilleschote aus der kochenden Milch herausnehmen, das Mark abstreifen und zurück in die Milch geben. Unter kräftigem Rühren mit dem Schneebesen die Sauce mit der angerührten Stärke binden. Einige Male aufwallen lassen und rühren, bis sie kalt ist.

Gratinierte Fasanenbrust

EIN ERLESENES GERICHT FÜR GOURMETS – SCHONEND UNTER EINER FEINEN KRUSTE GEGART.

Zahlreiche verführerische Gerichte bietet die österreichische Küche. Aus den verschiedenen Landesteilen der ehemaligen K. K.-Monarchie sind Gerichte entstanden, die mittlerweile nicht nur in ihrer Heimat Schmankerln für den Feinschmecker sind, sondern auf vielen Speisekarten der Welt ihren Platz gefunden haben.

Für die Sauce:
1/4 l Wildfond
60 g Schalotten
1/2 Knoblauchzehe
100 g Stangensellerie, 80 g Möhren
1 EL Pflanzenöl
1/4 l Rotwein (Zweigelt)
1 EL gehackte Petersilie
1 TL gehackter Thymian
Salz, frisch gemahlener Pfeffer
Für das Wirsinggemüse:
400 g Wirsing
80 g durchwachsener Speck
Salz, frisch gemahlener Pfeffer
Für die Fasanenbrust:
4 Fasanenbrüste (je etwa 130 g), ohne Haut
Salz, frisch gemahlener Pfeffer
2 EL Pflanzenöl
Für die Kruste:
10 g Butter, 40 g Semmelbrösel
1 EL gehackte Petersilie
50 g frisch geriebener Bergkäse (etwa Tiroler Alpkäse)

1. Für die Sauce den Wildfond bei geringer Hitze in einem Topf auf 100 ml einkochen. Die Schalotten und den Knoblauch schälen und fein hacken. Den Sellerie waschen, die grünen Blätter und die groben Fäden entfernen und die Stangen in feine Würfel schneiden. Die Möhren putzen, schälen und ebenfalls fein würfeln.

2. Das Öl erhitzen und Schalotten und Knoblauch darin hell anschwitzen. Die Sellerie- und die Möhrenwürfel mitanschwitzen. Den Wein aufgießen und um 1/5 einkochen lassen. Den reduzierten Fond zugießen, Petersilie und Thymian einstreuen, nach Bedarf salzen und pfeffern, weitere 5 Minuten köcheln lassen. Zur Seite stellen.

Zweigelt ist eine alte österreichische Rebsorte. Ihre Trauben wachsen vornehmlich in Niederösterreich und im Burgenland. Tiefe Farbe und lieblicher Duft zeichnen den Wein aus.

3. Den Wirsing putzen, die Blätter in etwa 1,5 cm große Stücke schneiden, in einem Sieb gründlich waschen und gut abtropfen lassen. Den Speck fein würfeln und in einer Pfanne glasig braten. Den Wirsing zugeben, die Pfanne mit einem Deckel schließen und etwa 10 Minuten bei geringer Hitze dünsten. Salzen und pfeffern.

4. Die Fasanenbrüste salzen und pfeffern. Das Öl in einer Pfanne erhitzen und das Fleisch darin rundherum 3 Minuten anbraten.

5. Die Butter in einer Pfanne zerlassen und die Semmelbrösel darin goldgelb werden lassen. In eine Schüssel geben und auskühlen lassen. Die Petersilie und den Käse untermischen.

6. Das Wirsinggemüse auf 4 hitzebeständige Teller anrichten, die Fasanenbrüste darauflegen, mit einem Teil der Sauce bedecken, mit der Bröselmischung bestreuen und bei 220 °C im vorgeheizten Ofen 5 Minuten überbacken. Die restliche Sauce separat dazu servieren.

Den gekochten Knödel in 20 Scheiben von je 1,5 cm Breite schneiden. Die Pilzmischung in die Form füllen und die Scheiben überlappend daraufschichten.

Gratin vom Serviettenknödel

IN SCHEIBEN GESCHNITTEN UND AUF FRISCHE CHAMPIGNONS GELEGT, EIN BODENSTÄNDIGES ESSEN.

Serviettenknödel tragen ihren Namen zu Recht, denn die Knödelmasse wird, in einem Leinentuch eingerollt, in siedendem Salzwasser gegart.

Die österreichische Küche ist berühmt für ihre Knödelvariationen. Nicht von ungefähr lautet ein Tiroler Sprichwort: »Knödel, Nocken, Nudeln, Plenten, das sein die Tiroler Elementen.« Für dieses Gericht besonders geeignet ist ein länglicher Serviettenknödel, weil er überall gleichzeitig gar wird und sich problemlos in gleichmäßige Scheiben schneiden läßt. Sehr praktisch zum Garen ist dafür ein Fischtopf mit Siebeinsatz.

Für den Serviettenknödel:
8 Semmeln vom Vortag, 1/4 l lauwarme Milch
100 g Zwiebeln, 200 g Selchfleisch
150 g Butter, 2 EL gehackte Petersilie, 5 Eigelbe
1 TL Salz, frisch gemahlener Pfeffer
frisch geriebene Muskatnuß
50 g frisch geriebener Emmentaler, 5 Eiweiße

Zuchtchampignons gibt es mittlerweile überall in guter Qualität zu kaufen. Frische Pilze müssen fest sein und sollten eine fleckenlose Haut und eine weiße Schnittfläche haben.

Für die Champignons:
40 g Schalotten, 1 Knoblauchzehe
400 g Champignons
120 g Tomaten, gehäutet, ohne Samen
50 g Butter, 1 Bund Petersilie, fein gehackt
Salz, frisch gemahlener Pfeffer
Für die Royale:
3 Eier, 1/8 l Sahne, 1/8 l Milch, Salz, Pfeffer
Außerdem:
Butter für die Form
50 g zerlassene Butter, 1 TL gehackte Petersilie

1. Die Semmeln in 1 cm große Würfel schneiden, mit der Milch übergießen und durchziehen lassen.

2. Die Zwiebeln schälen und fein hacken. Das Fleisch fein würfeln. 20 g Butter zerlassen und die

Zwiebel- und Fleischwürfel darin anbraten. Die Petersilie untermischen. Die restliche Butter mit den Eigelben schaumig rühren, mit Salz, Pfeffer und Muskatnuß würzen. Die Zwiebel-Fleisch-Mischung, die Eigelb-Butter-Mischung und den Käse mit den eingeweichten Brotwürfeln kräftig vermischen. Die Eiweiße zu steifem Schnee schlagen und unterheben.

3. Eine feuchte Stoffserviette ausbreiten und die Knödelmasse mit feuchten Händen in Form einer dicken Wurst auflegen. Die Masse locker in das Tuch einrollen, da sie sich beim Kochen ausdehnt, und das Tuch an den Enden mit Küchengarn abbinden. Den Knödel in siedendes Salzwasser geben und bei etwas geöffnetem Deckel 1 Stunde garen. Nach halber Garzeit wenden.

4. Die Schalotten und den Knoblauch schälen und fein hacken. Die Pilze putzen und in dünne Scheiben schneiden. Die Tomaten würfeln. Die Butter zerlassen, Schalotten und Knoblauch darin hell anschwitzen. Die Champignons 2 Minuten mitdünsten, die Tomaten und die Petersilie 1 Minute mitdünsten, salzen und pfeffern. Den Knödel auswickeln und etwas abkühlen lassen.

5. Weiterverfahren, wie oben links gezeigt. Dafür eine Auflaufform (etwa 20 x 28 cm) mit Butter ausfetten. Für die Royale Eier, Sahne und Milch verquirlen, salzen, pfeffern und über die Knödelscheiben gießen. Bei 200 °C im vorgeheizten Ofen etwa 45 Minuten überbacken. Nach der Hälfte der Backzeit mit der Butter beträufeln. Mit Petersilie bestreuen und servieren.

Mangoldsoufflé

EIN »ALTES« GEMÜSE, DAS SICH IN JÜNGSTER ZEIT ERNEUTER BELIEBTHEIT ERFREUT.

Das spinatähnliche Gemüse kommt als Stiel- oder Blattmangold auf den Markt. Letzterer ist für ein Soufflé besonders gut geeignet, da das Rezept lediglich nach den Blättern verlangt. Sollte aber nur Stielmangold frisch im Angebot sein, ist dieser ebenso zu gebrauchen: Man entfernt die weißen Stiele und verwendet sie anderweitig – zum Beispiel für ein mit Käse überbackenes Gratin.

Für die Soufflémasse:
60 g Butter
30 g Mehl
1/4 l Milch
40 ml Sahne
Salz, frisch gemahlener weißer Pfeffer
frisch geriebene Muskatnuß
5 Eigelbe
1/2 Bund Petersilie, gehackt
50 g frisch geriebener Bergkäse
5 Eiweiße
Für den Mangold:
400 g Mangoldblätter
40 g Schalotten
1/2 Knoblauchzehe
20 g Butter
Außerdem:
zerlassene Butter und Mehl für die Formen

1. Für die Soufflémasse die Butter in einer Kasserolle zerlassen und das Mehl unter Rühren darin 2 Minuten farblos anschwitzen. Die Milch nach und nach unterrühren. Die Sauce 15 Minuten köcheln lassen. Die Sahne zufügen, erneut aufkochen und mit Salz, Pfeffer und Muskatnuß würzen. Die Sauce leicht abkühlen lassen.

2. In der Zwischenzeit die Mangoldblätter gründlich waschen, in kochendem Salzwasser 3 Minuten blanchieren, herausnehmen und sofort in Eiswasser legen, damit der Garprozeß abrupt abgebrochen wird und die Blätter ihre grüne Farbe behalten. Die Blätter gut ausdrücken und fein pürieren. Die Schalotten und den Knoblauch schälen und fein hacken. Die Butter in einem Topf zerlassen und den Mangold, die Schalotten und den Knoblauch kurz darin anschwitzen, etwas abkühlen lassen.

3. Die Eigelbe nacheinander in die Sauce rühren. In einer Schüssel mit der Mangoldmasse und der gehackten Petersilie gründlich vermischen. Den geriebenen Käse unterrühren.

4. 2 Souffléformen mit 1/2 l Inhalt mit fast kalter zerlassener Butter ausfetten. Das Mehl hineinstreuen und anschließend die Formen mit beiden Händen drehen, bis die Ränder und die Böden lückenlos bedeckt sind. Das überschüssige Mehl aus den Formen schütten.

5. Die Eiweiße zu steifem Schnee schlagen, mit einem Holzlöffel vorsichtig unter die Soufflémasse heben und diese bis etwa 1 cm unter den Rand in die Formen füllen. Das Soufflé bei 190 °C im vorgeheizten Ofen in etwa 40 Minuten garen. Herausnehmen und sofort servieren.

Foto: Salzburg Information

Salzburg, die Geburtsstadt von Wolfgang Amadeus Mozart, hat auch einige kulinarische Schmankerln zu bieten.

Salzburger Nockerln

DIE TRADITIONELLE MEHLSPEISE WIRD HIER MIT EINER FRISCHEN HIMBEERSAUCE SERVIERT.

Die weltweit bekannte Nachspeise wurde früher auf dem Herd gebacken, mit viel Geschick gewendet und dann im Ofen fertiggebacken. Bei der modernen und einfacheren Methode werden die Nockerln von Anfang an im Ofen gebacken. Unter einer zarten Kruste sollten die Nockerln noch cremig weich sein. Das ist der Grund, weshalb sie recht schnell zusammenfallen. Sie sollten deshalb sofort serviert werden.

6 Eiweiße, 50 g Zucker
6 Eigelbe
40 g Mehl
ausgeschabtes Mark von 1/2 Vanilleschote

Frische Himbeeren und Blaufränkischer aus dem Burgenland sind die Kombination, die diese Sauce so interessant und unverwechselbar österreichisch machen.

Für die Himbeersauce:
100 ml Rotwein (Blaufränkischer, Burgenland)
250 g vollreife frische Himbeeren, 80 g Zucker
1 Stückchen Schale von 1 unbehandelten Zitrone
Außerdem:
Butter für die Form
Puderzucker

1. Für die Himbeersauce den Rotwein in einer Kasserolle auf etwa 1/3 einkochen. Die Himbeeren pürieren und durch ein feines Sieb passieren. Den Zucker mit dem Rotwein und der Zitronenschale aufkochen, das Himbeerpüree zugeben und 3 bis 4 Minuten einkochen.

2. Die Eiweiße in einer großen Schüssel oder einem Schneekessel zu Schnee schlagen, dabei den Zucker langsam einrieseln lassen. Die Eigelbe zunächst an einer Seite der Schüssel mit etwas Schnee zu einer glatten Masse verrühren, ohne den übrigen Schnee zu berühren.

3. Das Mehl über den gesamten Eischnee sieben und das Vanillemark zugeben. Dabei sollte sowohl das Mehl als auch das Vanillemark so gleichmäßig über dem Eischnee verteilt werden, daß sie sich möglichst schnell unterrühren lassen. Mit dem Schneebesen die Zutaten zu einem glatten Teig verrühren, dabei sollte sehr schnell gearbeitet werden, damit der Eischnee so wenig wie möglich an Volumen verliert.

4. In einer feuerfesten Form die Butter zerlassen und die Form damit ausstreichen. Mit einem Teigschaber 3 Nockerln abstechen und diese in die Form setzen. Dabei sollte darauf geachtet werden, daß die Nockerln ihre Form behalten, pyramidenförmig hoch aufragen und die Zwischenräume deutlich sichtbar sind.

5. Bei 220 °C im vorgeheizten Ofen 2 bis 4 Minuten schön hellbraun backen. Herausnehmen, sofort mit Puderzucker besieben und servieren.

Ramequin

EIN KLASSISCHER AUFLAUF VON BROT UND KÄSE, ZU DEM EIN GLAS WEIN SEHR GUT PASST.

Käseaufläufe gibt es viele. Die Schweizer kennen ihre eigenen Varianten, und jene mit Brot sind unter dem Namen »Ramequin« bekannt. Das Grundrezept ist einfach: Käse und Brot, mit einem Eierguß überbacken. Natürlich mit den besten Schweizer Käsesorten zubereitet, wie es etwa der Emmentaler oder der Greyerzer ist. Der Appenzeller wird nur in Ausnahmefällen verwendet, da er durch seine Rotschmiere besonders rezent ist und nur von wenigen Liebhabern in geschmolzenem Zustand akzeptiert wird. Das Brot kann wahlweise als Scheiben oder als Würfel genommen werden, und auch Brotreste sind dabei willkommen. Von Kanton zu Kanton sind die Zubereitungen verschieden, zuweilen wird auch

Der Gruyère oder Greyerzer eignet sich für ein Ramequin in idealer Weise. Mit seinem kräftigen Aroma gibt er dem Brotauflauf die entsprechende Würze.

Abwechselnd Brot- und Käsescheiben dachziegelartig in die Form einschichten. Mit dem Wein beträufeln und mit dem Eierguß übergießen.

noch etwas Schinken beigemischt. Die Wahl des Weines ist für dieses Gericht von besonderer Bedeutung. Es empfiehlt sich ein Wein aus der Gegend von Neuchâtel oder aus dem Waadtland.

10 Scheiben Weißbrot vom Vortag (250 g)
250 g Greyerzer, in Scheiben
80 ml Weißwein
Für den Eierguß:
4 Eigelbe, 150 ml Sahne
200 ml Milch
Salz, frisch geriebener weißer Pfeffer
frisch geriebene Muskatnuß
4 Eiweiße
Außerdem:
Butter für die Form

Die Brotscheiben toasten. Eine feuerfeste Form ausfetten. Die Brot- und Käsescheiben abwechselnd und halb stehend einschichten, so daß sie sich dachziegelartig überlappen, wie gezeigt. Mit dem Wein beträufeln. Für den Eierguß Eigelbe, Sahne, Milch, Salz, Pfeffer und Muskatnuß miteinander verquirlen. Die Eiweiße in einer separaten Schüssel nicht ganz steif schlagen und unterheben. Die Sauce gleichmäßig über die Käse- und Brotschichten verteilen. Bei 180 °C im vorgeheizten Ofen in 20 Minuten goldgelb backen.

Gratinierte Käsekartoffeln

EINE ETWAS ANDERE ART, KARTOFFELN AUF DEN TISCH ZU BRINGEN, ABER EINE OPTISCH ATTRAKTIVE.

Wohl in keinem Land wird so gut mit Käse und Kartoffeln umgegangen wie in der Schweiz. Die einfachsten Gerichte sind meist die besten und dazu gehören auch die gratinierten Käsekartoffeln. Sie schmecken mit einem raffiniert angemachten frischen Frühlingssalat besonders gut.

Frische Wildkräuter wie zum Beispiel Brunnenkresse, Bärlauch, Löwenzahn, Sauerampfer, junge Brennessel und Gänseblümchen sind mögliche Zutaten für einen Frühlingssalat.

4 große Kartoffeln
100 g frisch geriebener Greyerzer
1 Knoblauchzehe
Für den Wildkräutersalat:
500 g gemischte Wildkräuter
Saft von 1 Zitrone
Salz, frisch gemahlener Pfeffer
1 Prise Zucker, 60 ml Distelöl
20 g Schalotte, fein gehackt
2 EL feingehackte Kräuter
Außerdem:
Butter für die Form, etwas Kümmel

1. Die Kartoffeln waschen und gut bürsten. In Salzwasser fast gar kochen, sie sollen noch fest

sein, abgießen und etwas abkühlen lassen. Die Kartoffeln schälen und längs halbieren. Die Schnittflächen der Kartoffeln dick mit dem geriebenen Käse bestreuen.

2. Eine feuerfeste Form mit Butter ausfetten. Den Knoblauch schälen, durch eine Knoblauchpresse in die Form drücken und gut verteilen. Die Kartoffelhälften einlegen und bei 220 °C im vorgeheizten Ofen etwa 10 Minuten überbacken, bis der Käse geschmolzen ist.

3. In der Zwischenzeit für den Salat die Kräuter putzen, waschen, gut trockenschütteln und in eine Schüssel geben.

4. Für die Vinaigrette den Zitronensaft mit Salz, Pfeffer und Zucker verrühren, Salz und Zucker sollen aufgelöst sein. Das Öl nach und nach einlaufen lassen und mit dem Schneebesen verrühren. Die Schalottenwürfel und die feingehackten Kräuter (Petersilie, Estragon und Liebstöckel) dazugeben. Die Vinaigrette über den Wildkräutersalat gießen und vorsichtig untermischen.

5. Die gratinierten Kartoffeln mit Kümmel bestreuen und mit dem Salat auf Teller anrichten.

Kartoffel-Zwiebel-Gratin

DIESE DEFTIGE VARIANTE EINES KARTOFFELGRATINS KANN ALS HAUPTGERICHT MIT EINEM KNACKIGEN BLATTSALAT SERVIERT WERDEN.

Das Gratin ist aber auch eine passende Beilage zu rustikalen Fleischgerichten wie es etwa Schweinebraten, Bratwürste oder heiße Fleischwürste sind. Als Hauptgericht läßt sich das Zwiebelgratin sehr einfach variieren, zum Beispiel, wenn man zwischen die Kartoffel- und Zwiebelscheiben 150 g gewürfelten geräucherten Bauchspeck streut oder daraus ein Kartoffel-Wurst-Gratin macht. Dafür eignet sich ganz besonders gut die Schweizer Salsiz, eine sehr geschmackvolle Hartwurst. Dafür 200 g Salsiz häuten, in möglichst dünne Scheiben schneiden, zwischen die Zwiebel- und Kartoffelscheiben legen und das Gericht weiterverarbeiten, wie hier im Rezept beschrieben. Zu einem solchen Gratin paßt dann ein ganz einfacher, mit Speck angemachter »Nüsslisalat«, wie der Feldsalat in der Schweiz genannt wird.

600 g festkochende Kartoffeln
600 g Zwiebeln
Salz, frisch gemahlener schwarzer Pfeffer
200 ml Gemüsefond
1/8 l Sahne
80 g frisch geriebener Greyerzer
Außerdem:
Butter für die Form
20 g Butter, in Flöckchen
1 EL gehackte Petersilie

1. Die Kartoffeln waschen und schälen. Die Zwiebeln schälen. Kartoffeln und Zwiebeln in 3 mm dicke Scheiben schneiden oder hobeln.

2. Eine feuerfeste Form mit Butter ausfetten. Die Kartoffel- und Zwiebelscheiben abwechselnd so einschichten, daß sie sich überlappen, und jede Schicht mit Salz und Pfeffer bestreuen. Den Gemüsefond darübergießen und das Gratin bei 200 °C im vorgeheizten Ofen 40 Minuten backen.

3. Die Sahne mit dem geriebenen Käse mischen und gleichmäßig über das Gemüse gießen. Die Butterflöckchen darauf verteilen und in weiteren 15 Minuten goldgelb überbacken.

4. Mit Petersilie bestreuen und servieren.

Festkochende Kartoffeln eignen sich für ein solches Kartoffel-Zwiebel-Gratin am besten. Sie werden während des Garvorgangs zwar weich, behalten aber ihre Form und haben vor allem etwas mehr »Biß« als die mehligen Kartoffeln.

GRUYERE

Merlot ist der Hauswein der Tessiner. Er paßt ausgezeichnet zu den Gerichten der Region.

Gratinierte Gnocchi mit zweierlei Käse

EIN LEICHT ITALIENISCH ANGEHAUCHTES GERICHT MIT SCHWEIZER AKZENT.

Dieses ist ein ganz typisches Rezept der Tessiner Küche, die von den Einflüssen aus dem Norden der Schweiz, vor allem aber von der italienischen Küche geprägt ist.

Für die Gnocchi:
600 bis 700 g mehligkochende Kartoffeln, 200 g Mehl
2 Eier, Salz, frisch gemahlener weißer Pfeffer
Für die Sauce:
20 g Zwiebel, 1 Knoblauchzehe
50 g roher Schinken (Parma oder Graubündner)
100 g gekochter Schinken
100 g Bergkäse aus dem Tessin, 200 g Gorgonzola
250 g Tomaten, 300 ml Sahne, 20 g Butter
Salz, frisch gemahlener weißer Pfeffer
Außerdem:
Butter für die Förmchen

Kartoffelgnocchi erfreuen sich im Tessin großer Beliebtheit, ursprünglich jedoch standen sie vor allem in der Gegend um Verona auf dem Speisezettel

In der Altstadt von Lugano läßt es sich ganz hervorragend einkaufen, denn das Angebot ist, ebenso wie die Tessiner Küche, weitestgehend italienisch geprägt, wenngleich es auch alles aus der Nordschweiz zu kaufen gibt.

1. Die Kartoffeln waschen und bürsten. Einzeln in Alufolie wickeln und bei 200 °C im vorgeheizten Ofen 1 Stunde garen. Die Kartoffeln aus der Folie nehmen und abpellen, es sollen 500 g gekochte Kartoffeln übrigbleiben.

2. Das Mehl auf eine Arbeitsfläche häufen und in die Mitte eine Mulde drücken. Die heißen Kartoffeln durch eine Kartoffelpresse kranzförmig auf den Mehlrand drücken und dabei gleichmäßig verteilen. Die Eier nacheinander in die Mulde aufschlagen, Salz und Pfeffer hineingeben und von außen etwas Mehl und Kartoffeln mit den Händen darüberhäufen. Mit den Fingern die Zutaten von innen nach außen miteinander vermischen, bis daraus Krümel entstanden sind. Durch kräftiges Drücken mit beiden Händen möglichst rasch ei-

nen glatten Teig kneten, dabei nicht länger als nötig bearbeiten und 5 Minuten ruhen lassen.

3. Den Kartoffelteig zu 2 Strängen von 2 cm Durchmesser rollen und mit Mehl bestauben. Etwa 1 cm breite Stücke abschneiden, diese über eine Raspel abrollen und dabei das Gittermuster eindrücken. Die Gnocchi portionsweise in sprudelnd kochendes, leicht gesalzenes Wasser einlegen, die Hitze reduzieren und 5 bis 8 Minuten garziehen lassen. Die Gnocchi herausheben und gut abtropfen lassen.

4. Für die Sauce die Zwiebel und den Knoblauch schälen und fein hacken. Den rohen Schinken fein würfeln, den gekochten Schinken in 1/2 cm große Würfel schneiden. Den Bergkäse und den Gorgonzola klein würfeln. Die Tomaten blanchieren, häuten, Stielansatz und Samen entfernen und das Fruchtfleisch ebenfalls klein würfeln. Die Sahne in einem Topf auf 2/3 reduzieren.

5. Die Butter in einem entsprechend großen Topf zerlassen und die Zwiebel- und Knoblauchwürfel darin hell anschwitzen. Die beiden Schinkensorten kurz mitbraten. Die reduzierte Sahne zugießen. Beide Käsesorten in der Sahne-Schinken-Mischung schmelzen lassen. Die Tomatenwürfel in die Sauce einrühren. Salzen und pfeffern.

6. 4 Portionsförmchen mit Butter ausfetten und die Gnocchi darin verteilen. Die Sauce über die Gnocchi gießen. Bei 200 °C im vorgeheizten Ofen 20 Minuten überbacken.

Gratinierter Huhn-Fenchel-Risotto

EIN DELIKATES ITALIENISCHES REISGERICHT AUS DEM OFEN, IDEAL IM FRÜHLING.

Dieser Risotto gelingt im Frühjahr besonders gut, weil die Produkte dann ganz frisch sind. Die Saison für Morcheln und Fenchel aus dem Mittelmeerraum reicht bis Ende Mai.

Für den Risotto:
200 g Fenchelknollen mit Grün
50 g Butter, 250 g Vialone-Reis
100 ml Weißwein, Salz, 600 ml Geflügelfond
Für das Hähnchenragout:
500 g Hähnchenfleisch, küchenfertig
100 g Zwiebeln, 80 g Möhren
60 g Stangensellerie, 120 g kleine Zucchini
80 g frische Morcheln, 250 g Tomaten

Die beste Frischegarantie sind natürlich lebende Hühner, wie hier auf einem römischen Markt. Doch auch bei uns ist Frische gewährleistet, in Form von sorgfältig vorbereiteten Hähnchen.

Die traditionelle Kombination von Huhn und Reis existiert in vielen Varianten. Hier runden würziger Pecorino und das feine Aroma frischer Morcheln das Gericht ab.

Salz, frisch gemahlener Pfeffer, Cayennepfeffer
3 EL Pflanzenöl, 100 ml Weißwein
Außerdem:
Butter für die Form
40 g frisch geriebener Pecorino romano

1. Für den Risotto den Fenchel waschen, mit Küchenpapier abtrocknen, den Wurzelansatz und die grünen Stengel abschneiden. Wenn nötig, die harten äußeren Rippen entfernen. Von dem Fenchelgrün etwas hacken und zur Seite stellen. Die Knollen längs vierteln und in feine Streifen schneiden. Die Butter zerlassen und die Fenchelstreifen 5 Minuten darin anschwitzen. Den Reis unter Rühren mit anschwitzen, bis er glasig ist. Mit dem Wein ablöschen und unter Rühren reduzieren. Salzen und 15 Minuten köcheln lassen. Dabei

Den Risotto zu dem Hähnchenragout in die Pfanne geben und alle Zutaten gut miteinander vermischen.

den heißen Geflügelfond unter ständigem Rühren nach und nach zugießen und jeweils vom Reis aufnehmen lassen, dieser darf nicht am Topfboden anhängen. Sollte der Risotto zu trocken sein, zusätzlich Geflügelfond nachgießen, damit er die normale »Risottofeuchtigkeit« erhält.

2. Für das Hähnchenragout das Fleisch in 2 cm große Stücke schneiden. Die Zwiebeln und die Möhren schälen, den Stangensellerie waschen, die grünen Blätter und die groben Fäden entfernen, alles fein würfeln. Die Zucchini waschen, Blüten- und Stielansatz entfernen, längs halbieren und in Scheiben schneiden. Die Morcheln sorgfältig waschen und halbieren. Die Tomaten blanchieren, häuten, Samen und Stielansatz entfernen und das Fruchtfleisch würfeln.

3. Das Hähnchenfleisch salzen und pfeffern. Das Öl in einer Pfanne erhitzen und das Fleisch darin von allen Seiten anbraten. Die Zwiebel-, Möhren- und Selleriewürfel 5 Minuten mitbraten. Die Zucchinischeiben, die Morcheln und die Tomatenwürfel ebenfalls kurz mitbraten. Mit dem Weißwein ablöschen, eventuell nochmals nachwürzen und 5 Minuten köcheln lassen.

4. Den Risotto unter das Hähnchenragout mischen, wie in dem Bild rechts gezeigt. Eine feuerfeste Form mit Butter ausstreichen und den Risotto einfüllen. Mit dem frisch geriebenen Pecorino gleichmäßig bestreuen. Den Risotto bei 200 °C im vorgeheizten Ofen etwa 30 Minuten überbacken. Mit dem gehackten Fenchelgrün bestreuen und servieren.

Gratin von Lammfleisch und Gemüse

DIE ZUTATEN – TYPISCH ITALIENISCH, ABER SO ODER ÄHNLICH KANN DAS GRATIN ÜBERALL ZUBEREITET WERDEN.

Viele Anrainerstaaten des Mittelmeers kennen solche Ofengerichte mit Fleisch und frischem Gemüse. So verarbeiten die Griechen auch gern Auberginen dafür. Gewürzt wird mit den Kräutern der Region; in diesem Fall ist es Basilikum.

Für die Fleischmischung:
100 g Zwiebeln, 100 g Lauch
40 g Butter
400 g Hackfleisch vom Lamm
100 g gekochter Langkornreis
1 Ei
1/2 TL Salz, frisch gemahlener schwarzer Pfeffer
1 EL in Streifen geschnittenes Basilikum
Für das Gemüse:
350 g Zucchini, 350 g Tomaten
30 g Butter, in Flöckchen
Salz, frisch gemahlener Pfeffer
Außerdem:
Butter für die Form
60 g frisch geriebener Parmesan

Das Hackfleisch zu den angeschwitzten Zwiebelwürfeln und Lauchscheiben geben und ganz kurz, 1 bis 2 Minuten, unter Rühren angehen lassen.

Das Fleisch, den gekochten Reis, das Ei, Salz, Pfeffer und Basilikum in eine Schüssel geben. Alles gut miteinander vermischen.

Für die Fleischmischung die Zwiebeln schälen und fein hacken. Den Lauch längs halbieren, gründlich waschen und in feine Scheiben schneiden. Die Butter in einer Pfanne zerlassen, Zwiebelwürfel und Lauchscheiben darin glasig anschwitzen. Weiterverfahren, wie in der Bildfolge gezeigt. Für das Gemüse die Zucchini und die Tomaten waschen, abtrocknen und die Stielansätze entfernen. Die Zucchini in 4 mm, die Tomaten in 6 mm dicke Scheiben schneiden. Eine Auflaufform mit Butter ausfetten. Den Boden mit Zucchinischeiben auslegen. Die Fleischmischung darüber verteilen. Darauf die restlichen Zucchini- und die Tomatenscheiben überlappend anordnen. Mit der Hälfte der Butterflöckchen belegen, salzen und pfeffern. Bei 200 °C im vorgeheizten Ofen zunächst 20 Minuten backen. Mit Parmesan bestreuen und mit den restlichen Butterflöckchen belegen. Weitere 20 Minuten gratinieren.

Der Montasio verdankt seinen Namen der gleichnamigen Berggruppe in den Julischen Alpen. Dieser Rohmilchkäse mit mindestens 40 % F.i.Tr. wird für den Gourmet mit etwa 6 Monaten als »montasio mezzano« interessant. Er kann auch noch etwas älter sein, denn dann entwickelt er erst sein richtig volles, gutes Aroma.

Gratiniertes Ragout vom Kaninchen

EIN KOMPLETTES ESSEN AUS DEM OFEN: KANINCHENRAGOUT, KARTOFFELPÜREE UND REICHLICH KÄSE.

Bei solchen Kombinationen von Fleischragouts mit Kartoffeln lassen sich die Zutaten natürlich auch getrennt voneinander auf den Tisch bringen. Doch in eine Auflaufform geschichtet und mit Käse überbacken, vermischen sich die entsprechenden Aromen zu einem delikaten Ganzen.

Für das Kartoffelpüree:
300 g mehligkochende Kartoffeln, Salz
80 bis 100 ml Milch
20 g Butter
Für das Ragout:
1/2 Knoblauchzehe
60 g Schalotten, 40 g Möhre
40 g Knollensellerie
300 g frische Morcheln
400 g Kaninchenfleisch, küchenfertig
1/2 TL Salz
frisch gemahlener weißer Pfeffer
6 EL Pflanzenöl
1/8 l Gemüsefond
3 EL gehackte Petersilie
Außerdem:
Butter für die Form
80 g frisch geriebener Montasio mezzano
30 g Butter, in Flöckchen
gehackte Petersilie zum Bestreuen

Die Kartoffeln schälen und in gleich große Stücke schneiden. In einem Topf mit kaltem Salzwasser

Das Fleisch in dem Öl angehen lassen. Herausnehmen, beiseite stellen. Das restliche Öl erhitzen, Zwiebeln und Knoblauch darin glasig anschwitzen. Erst Möhren- und Selleriewürfel 2 bis 3 Minuten, dann die Morcheln 2 bis 3 Minuten mitbraten. Den Fond zugießen, salzen und pfeffern. Das Fleisch und die Petersilie zugeben und 3 bis 4 Minuten köcheln lassen. In eine Form füllen und mit Kartoffelpüree bedecken.

bedecken und bei mittlerer Hitze aufkochen. Die Hitze reduzieren und 20 Minuten leise sprudelnd kochen lassen. Inzwischen den Knoblauch, die Schalotten, die Möhre und den Sellerie schälen und alles fein würfeln. Die Morcheln sorgfältig waschen, gut abtropfen lassen und der Länge nach halbieren. Das Kaninchenfleisch durch die mittelgrobe Scheibe des Fleischwolfs drehen, salzen und pfeffern. In einer Pfanne 3 EL Öl erhitzen, das Fleisch 2 bis 3 Minuten darin angehen lassen und weiterverfahren, wie in der Bildfolge gezeigt. Eine Auflaufform mit Butter ausfetten und den Pfanneninhalt darin verteilen. Für das Kartoffelpüree die Kartoffeln abgießen, zurück auf den Herd setzen und trockenschwenken. In eine Schüssel füllen und mit einem Stampfer fein zerquetschen. Die heiße Milch und die Butter zugeben und alles gut verschlagen. Das Püree auf dem Ragout verteilen, wie gezeigt. Mit dem geriebenen Käse bestreuen. Die Butterflöckchen daraufsetzen, bei 200 °C in den vorgeheizten Ofen schieben und etwa 20 Minuten überbacken. Mit gehackter Petersilie bestreuen und servieren.

Gratin von Nudeln und Sardinen

EIN SEHR HERZHAFTES GERICHT AUS DEM KÜCHENALLTAG DER KÜSTENNAHEN REGIONEN.

Für dieses Rezept eignen sich dünne, lange Nudeln, wie es sie in Italien so zahlreich und unter so phantasievollen Namen zu kaufen gibt. Die hier verwendeten Perciatellini ähneln den Spaghetti, sind aber Hohlnudeln.

200 g Perciatellini, 300 g Sardinen
Für die Sauce:
80 g Zwiebeln, 2 Knoblauchzehen
70 g Möhren, 300 g Tomaten
3 gesalzene Sardellenfilets, gewässert
1 grüne Chilischote
1 Rosmarinzweig
einige Salbeiblättchen, 1/2 Bund Petersilie
3 EL Olivenöl
1 EL Tomatenmark, 150 ml Rotwein
Salz, frisch gemahlener Pfeffer
Außerdem:
Öl für die Form, 1/8 l Sahne
100 g frisch geriebener Pecorino fiore sardo

1. Die Nudeln in sprudelnd kochendem Salzwasser al dente kochen. Abseihen, kalt abschrecken und gut abtropfen lassen.

2. Die Sardinen mit einer kleinen Schere am Bauch aufschneiden, unter fließendem kalten Wasser vollständig ausnehmen und mit Küchenpapier trockentupfen. Köpfe und Flossen abschneiden. An der Schnittstelle die Rückengräten mit Daumen und Zeigefinger anfassen, mit der anderen Hand die Sardinen festhalten und die Rückengräten langsam herausziehen und zusammen mit den Schwanzflossen abschneiden. Die entgräteten Sardinen längs halbieren.

3. Die Zwiebeln und den Knoblauch schälen und fein hacken. Die Möhren schälen und fein würfeln. Die Tomaten blanchieren, häuten, vierteln, Stielansatz und Samen entfernen und das Fruchtfleisch würfeln. Die Sardellenfilets klein schneiden. Die Chilischote halbieren, Samen und Scheidewände entfernen und das Fruchtfleisch fein hacken. Rosmarin, Salbei und Petersilie waschen, von den groben Stielen befreien und fein hacken.

4. Das Öl in einer Pfanne erhitzen und die Zwiebel- und Knoblauchwürfel darin anschwitzen. Die Möhren- und Tomatenwürfel kurz durchschwenken. Das Tomatenmark einrühren, mit dem Rotwein ablöschen und 5 Minuten leicht köcheln lassen. Die Sardellenstücke unterrühren. Chiliwürfel und Kräuter zufügen, salzen und pfeffern. Die Nudeln und die Sardinenfilets mit in die Pfanne geben und vorsichtig untermischen.

5. Eine Auflaufform mit Öl ausstreichen und den Pfanneninhalt einfüllen. Die Sahne mit 2/3 vom Käse verrühren und über die Nudeln verteilen. Mit dem restlichen Käse bestreuen. Bei 200 °C im vorgeheizten Ofen überbacken.

Brunello
di Montalcino

Gratinierte Gemüsenudeln

DICKE RÖHRENNUDELN, REICHLICH GEMÜSE UND EINE SAUCE MIT PIKANTEM SCHAFKÄSE.

Pennoni, Rigatoni, Tortiglioni oder Elicoidali, eignen sich am besten für einen Auflauf, weil dazwischen viel Platz für das Gemüse ist. Man kann aber auch Makkaroni in Stücke brechen.

300 g Röhrennudeln
Für das Gemüse:
60 g Zwiebel, 1 Knoblauchzehe
250 g Aubergine, 200 g Zucchini
100 g Stangensellerie, 300 g Tomaten, 4 EL Olivenöl
1 TL gehackter Thymian, 1 TL gehackter Salbei
1/2 TL Salz, frisch gemahlener schwarzer Pfeffer
1/8 l trockener Rotwein
Für die Käsesauce:
100 g frisch geriebener Pecorino (sardo oder toscano)
200 ml Sahne, 3 Eigelbe, 1 EL gehackte Kräuter
Salz, frisch gemahlener Pfeffer
frisch geriebene Muskatnuß
Außerdem:
Butter für die Form, 50 g zerlassene Butter

1. Die Zwiebel und den Knoblauch schälen und ganz fein hacken. Das Gemüse waschen, trocknen und ungeschält verarbeiten. Die Aubergine

Gutes, frisches Gemüse ist wichtig, wenn das Gratin gelingen soll. Da muß die Zusammenstellung der einzelnen Gemüsearten nicht unbedingt mit dem Rezept identisch sein, wenn andere Arten frisch im Angebot sind.

vom Stiel befreien, längs in etwa 1 cm dicke Scheiben, daraus Streifen und diese wiederum in Würfel schneiden. Die Zucchini und den Stangensellerie in Scheibchen schneiden. Die Tomaten blanchieren, häuten, halbieren, Stielansatz und Samen entfernen, das Fruchtfleisch würfeln.

2. Das Öl in einer entsprechend großen Pfanne erhitzen und die Zwiebel- und Knoblauchwürfel darin hell anschwitzen. Die Auberginenwürfel, Zucchini- und Selleriescheibchen bei starker Hitze 4 bis 5 Minuten unter Rühren mitbraten. Die Tomatenwürfel zum Gemüse geben und mit Thymian, Salbei, Salz und Pfeffer würzen. Den Rotwein zugießen. Bei offener Pfanne und guter Hitze dünsten, bis das Gemüse weich und der Rotwein auf die Hälfte reduziert ist.

3. Die Nudeln in sprudelnd kochendem Salzwasser al dente kochen, abgießen und mit dem Gemüse vermischen. Eine Gratinform ausbuttern und die Nudel-Gemüse-Mischung einfüllen.

4. Den Käse mit der Sahne und den Eigelben verrühren, die Kräuter (Petersilie, Liebstöckel, Bohnenkraut und Rosmarin) zugeben und würzen.

5. Die Käsesauce über die Nudeln verteilen, die Form bei 200 °C in den vorgeheizten Ofen schieben und 20 bis 25 Minuten backen. Ab und zu die Oberfläche mit der zerlassenen Butter beträufeln. Besonders knusprig wird das Gratin, wenn die Oberfläche nach der halben Garzeit mit einer Mischung aus feinen Semmelbröseln und frisch geriebenem Parmesan bestreut wird.

Finocchi gratinati

FENCHEL MIT EINER SAUCE AUS FRISCHEN TOMATEN – EIN TYPISCHES ITALIENISCHES, DELIKATES GERICHT.

Die drei Hauptzutaten, Fenchel, Käse und Tomaten für die Sauce sind eine geradezu unschlagbare geschmackliche Kombination. Aber die Gemüsearten, und das betrifft vor allem die Tomaten, müssen wirklich vollreif sein, wenn sie ihr ganzes Aroma einbringen sollen.

1 kg Fenchelknollen
Salz
50 g Butter
1/8 l Sahne
frisch gemahlener Pfeffer
100 g frisch geriebener Parmesan
30 g schwarze Oliven
Für die Tomatensauce:
800 g Tomaten
100 g Zwiebeln
1 Knoblauchzehe
3 EL Olivenöl
Salz, frisch gemahlener Pfeffer
1/8 l Weißwein
1 EL Basilikum, fein geschnitten

Grundsätzlich nur frisch vom Stück gerieben, sollte der Parmesan verwendet werden, denn nur so kann er sein volles Aroma entfalten. Keinesfalls abgepackten Parmesan kaufen, wenngleich man sich das mühevolle Reiben erspart.

Mühsame Handarbeit ist die Herstellung des »Parmigiano Reggiano«, denn so ein zylindrischer Laib hat ein Gewicht von 25 bis 30 kg. Dieser extraharte Reibkäse mit nur 32 % F.i.Tr. ergibt beim Gratinieren eine ganz besonders feine Kruste, die mit anderen, fettreicheren Käsesorten niemals erreicht werden kann.

1. Die Fenchelknollen waschen, mit Küchenpapier abtrocknen, den Wurzelansatz und die grünen Stengel abschneiden. Wenn nötig die harten äußeren Rippen entfernen. Etwas Fenchelgrün hacken und 1 EL zur Seite stellen. Die Knollen längs vierteln und etwa 10 Minuten in leicht gesalzenem, sprudelnd kochendem Wasser garen. Herausnehmen und gut abtropfen lassen.

2. Die Butter in einer feuerfesten Gratinform zerlassen und die Fenchelstücke hineinlegen. Die Sahne darübergießen, mit Salz und Pfeffer würzen, mit dem Parmesan bestreuen und die Oliven darauf verteilen. Bei 200 °C im vorgeheizten Ofen 20 Minuten überbacken. Mit dem gehackten Fenchelgrün bestreuen.

3. In der Zwischenzeit für die Sauce die Tomaten blanchieren, häuten, Samen und Stielansatz entfernen und das Fruchtfleisch in kleine Würfel schneiden. Die Zwiebeln schälen und fein hacken. Die Knoblauchzehe schälen und zerdrücken. Das Öl in einer entsprechend großen Pfanne erhitzen und die Zwiebeln darin hell anschwitzen. Die Tomatenwürfel mit der zerdrückten Knoblauchzehe zufügen, salzen und pfeffern. Den Weißwein aufgießen und die Sauce bei schwacher Hitze etwa 20 Minuten köcheln lassen. Das Basilikum einstreuen und nochmals abschmecken. Separat zu dem Fenchelgratin servieren.

Der Kartoffelteig wird durch Mehl und Eigelb geschmeidig und läßt sich gut formen. Neben den kleinen Gnocchetti können daraus auch die größeren Gnocchi zubereitet werden.

Gnocchetti-Gratin

DIE ITALIENISCHEN NUDELN, AUS SELBSTGEMACHTEM FRISCHEN KARTOFFELTEIG, MIT EINEM RAGOUT VOM LAMMFLEISCH.

Frisch muß der Teig sein und zügig zu den kleinen Nudeln verarbeitet werden, damit er die richtige Konsistenz zum Formen hat. Es eignen sich nur mehlige Kartoffeln dafür, die im Ofen gebacken werden, damit sie schön trocken sind.

Für den Kartoffelteig:
500 g mehligkochende Kartoffeln
100 g Mehl, 50 g Grieß, 1 TL Salz, 1 Eigelb
Für das Lammragout:
400 g Lammfleisch aus der Keule
80 g Zwiebeln, 2 Knoblauchzehen
40 g Stangensellerie, 80 g rote Paprikaschote
1 kleine grüne Peperoni, 100 g Zucchini
Salz, frisch gemahlener Pfeffer
3 EL Olivenöl, 100 ml Rotwein
1 EL gehackte Kräuter (Thymian, Rosmarin, Petersilie)
200 ml Lammfond
Außerdem:
Öl für die Form
100 g leicht gereifter Ziegenfrischkäse
30 g zerlassene Butter zum Beträufeln
1 TL gehackte Kräuter (Thymian, Rosmarin)

1. Für die Gnocchetti die Kartoffeln waschen, in Alufolie wickeln und bei 200 °C im vorgeheizten Ofen 1 Stunde backen.

2. In der Zwischenzeit das Ragout zubereiten. Dafür das Lammfleisch in etwa 1 cm große Würfel schneiden. Die Zwiebeln und den Knoblauch schälen und fein hacken. Den Stangensellerie ebenfalls fein hacken. Die Paprikaschote und die Peperoni halbieren, Samen und Scheidewände entfernen, die Paprika in 5 mm große Würfel, die Peperoni in feine Streifen schneiden. Von den Zucchini Blüten- und Stielansatz entfernen, das Fruchtfleisch in 5 mm große Würfel schneiden.

3. Das Lammfleisch salzen und pfeffern. Das Öl in einem Topf erhitzen und das Fleisch darin von allen Seiten kräftig anbraten. Zwiebel-, Knoblauch- und Selleriewürfel kurz mitbraten. Mit dem Rotwein ablöschen. Thymian, Rosmarin, Petersilie, Peperoni und Paprika zugeben, den Lammfond zugießen und 20 Minuten bei geringer Temperatur schmoren. Die Zucchiniwürfel zum Fleisch geben und weitere 5 Minuten schmoren lassen. Abschmecken.

4. Für die Gnocchetti die Folie von den Kartoffeln entfernen und mit einem Löffel den Inhalt aus der Schale holen. Das Mehl auf eine Arbeitsfläche häufen, in die Mitte eine Mulde drücken und Grieß, Salz und Eigelb hineingeben. Die heißen Kartoffeln durch die Kartoffelpresse kranzförmig auf den Mehlrand drücken. Alles zu einem glatten Teig verkneten und kurz ruhen lassen. Den Teig zu dünnen Strängen von etwa 5 mm Dicke rollen, mit Mehl bestauben und 1 cm lange Stücke abschneiden. Die Gnocchetti in sprudelnd kochendes Salzwasser einlegen und garziehen lassen. Sobald sie an die Oberfläche steigen, mit einem Schaumlöffel vorsichtig herausheben.

5. Eine Auflaufform ausfetten, das Lammragout einfüllen und die Gnocchetti darauf verteilen. Den Ziegenfrischkäse in Würfel schneiden und darüberstreuen. Mit zerlassener Butter beträufeln und bei 200 °C im vorgeheizten Ofen 15 Minuten überbacken. Mit gehackten Kräutern bestreuen.

Pasticcio di maccheroni

DER MACCHERONI-AUFLAUF IST IM GESAMTEN MITTELMEERRAUM VERBREITET.

Typisch für die italienische Version des Gerichts: Neben den Röhrennudeln werden auch Teigplatten aus frischem Nudelteig verwendet.

Für 4 bis 6 Portionen
Für den Nudelteig:
200 g Mehl, 2 Eier, 1 TL Öl, Salz, Wasser nach Bedarf
15 g gehackte Kräuter (Salbei, Thymian, Petersilie)

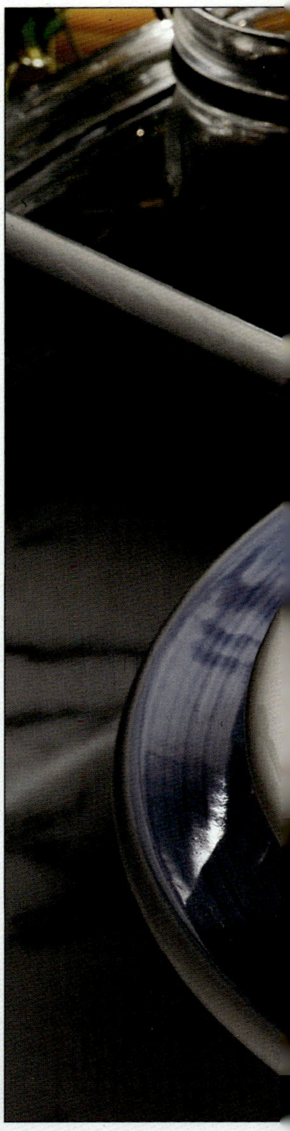

Leber und Fleisch vom Kaninchen geben der Füllung die besondere Note.

Die Asiago-Laibe tragen, deutlich erkennbar, das eingebrannte, geschützte Gütesiegel. Zum Reiben besonders geeignet ist der bis zu einem Jahr gereifte Asiago piccante.

Für die Füllung:
200 g Kaninchenleber
250 g Kaninchenfleisch, küchenfertig
80 g Zwiebeln, 70 g Möhren, 70 g Knollensellerie
1/2 Bund Petersilie, 50 g schwarze Oliven
100 g Champignons, 2 EL Öl
100 ml Rotwein, 1 EL Tomatenmark
200 ml Kalbsfond, Salz, frisch gemahlener Pfeffer
25 g Butter, 300 g Maccheroni
120 g frisch geriebener Asiago
Außerdem:
Butter für die Form, 20 g Butter, in Flöckchen

1. Für den Teig alle Zutaten zunächst rühren, dann geschmeidig verkneten. Den Teig in Folie wickeln und 1 Stunde kühl ruhen lassen.

2. Für die Füllung die Leber putzen und klein schneiden. Das Fleisch durch die mittlere Scheibe des Fleischwolfs drehen. Das Gemüse schälen und klein würfeln. Die Petersilie waschen, von den groben Stielen befreien und fein hacken. Die Oliven klein hacken. Die Champignons putzen und in feine Scheiben schneiden. Das Öl in einem Topf erhitzen und das Gemüse darin hell anschwitzen. Das Fleisch kurz mitbraten. Mit dem Wein ablöschen und diesen reduzieren. Das Tomatenmark einrühren. Den Fond angießen, die Petersilie einstreuen, salzen und pfeffern. Bei geringer Hitze 20 Minuten schmoren. Die Oliven weitere 5 Minuten mitschmoren. Die Butter zerlassen und Pilze und Leber darin kurz anbraten und im letzten Moment zur Fleischsauce geben.

3. Die Maccheroni in kochendem Salzwasser al dente kochen, abseihen, kalt abschrecken. Den Nudelteig auf einer bemehlten Arbeitsfläche zu 3 dünnen Platten von etwa 26 x 18 cm ausrollen. Nacheinander in kochendem Salzwasser etwa 2 Minuten kochen, herausnehmen und gut abtropfen lassen.

4. Eine Form ausfetten und 1 Teigplatte hineinlegen. Eine Schicht Maccheroni, darauf die Hälfte der Fleischmasse einfüllen und mit 1/3 des Käses bestreuen. Den Vorgang wiederholen. Die letzte Schicht ist 1 Teigplatte. Mit dem restlichen Käse bestreuen und mit Butterflöckchen belegen. Bei 200 °C im vorgeheizten Ofen 30 Minuten backen.

Die Wölfin, das römische Symbol schlechthin, hier als Wasserspeier auf dem Markt Campo di fiori.

Polenta pasticciata

TYPISCH FÜR »GNOCCHI ALLA ROMANA«: DIE RUND AUSGESTOCHENEN MAISGRIESSPLÄTZCHEN.

Mit Fleischsauce geschichtet und mit Béchamelsauce überbacken ergibt diese Polenta-Variante eine üppige Hauptmahlzeit.

Für 6 Portionen
Für die Polenta:
1 1/2 l Wasser, 1 TL Salz
400 g Maisgrieß (mittlere Körnung)
Für die Tomaten-Fleisch-Sauce:
100 g Zwiebeln, 60 g Möhren, 60 g Stangensellerie
600 g Tomaten, 400 g Rindfleisch aus der Keule
Salz, Pfeffer, 3 EL Olivenöl, 3 gehackte Salbeiblätter
1 TL gehackter Rosmarin, 300 ml Rinderfond
1 EL Tomatenmark
Für die Béchamelsauce:
60 g Butter, 30 g Mehl, 1/2 l Milch, Salz
frisch gemahlener Pfeffer, frisch geriebene Muskatnuß
Außerdem:
Butter für die Form, 80 g frisch geriebener Parmesan
Salbeiblüten, Rosmarinnadeln

1. Für die Polenta Wasser und Salz in einem großen Topf zum Kochen bringen. Den Maisgrieß mit der Hand in dünnem Strahl einrieseln lassen und gleichzeitig mit einem Holzlöffel kräftig rühren, damit sich keine Klumpen bilden. Solange der Brei noch nicht eingedickt ist, spritzt es nach allen Seiten, deshalb empfiehlt es sich, ein Tuch über den Topf zu legen. Die Polenta immer im Uhrzeigersinn rühren, bis sie sich vom Topf löst, das dauert etwa 20 Minuten. Den Maisbrei auf ein nasses Brett schütten, mit einer Palette 1 cm dick verstreichen und abkühlen lassen. Mit einem Ring von 5,5 cm Durchmesser Scheiben ausstechen.

Das wohlschmeckende Ergebnis rechtfertigt die relativ aufwendige Zubereitung dieser römischen Spezialität.

In die mit Polenta ausgelegte Form die Tomaten-Fleisch-Sauce verteilen. Die Polentascheiben dachziegelartig darauf anordnen. Mit der Béchamelsauce begießen und mit dem Parmesan bestreuen.

2. Die Zwiebeln und die Möhren schälen, den Sellerie putzen und alles fein würfeln. Die Tomaten blanchieren, häuten, Stielansatz und Samen entfernen und das Fruchtfleisch fein würfeln. Das Fleisch salzen und pfeffern.

3. Das Öl in einer großen, tiefen Pfanne erhitzen und das Fleisch darin von allen Seiten anbraten. Zwiebel-, Möhren- und Selleriewürfel hell mitschwitzen und die gehackten Kräuter hinzufügen. 2/3 von dem Fond aufgießen, zudecken und das Fleisch bei mäßiger Hitze 20 Minuten garen. Die Pfanne von der Kochstelle nehmen. Das Fleisch herausnehmen, in dünne Scheiben und diese in feine Würfel schneiden. Zurück in die Pfanne geben und das Tomatenmark einrühren. Die Tomaten und den restlichen Fond untermischen. Mit Salz und Pfeffer würzen. Weitere 30 Minuten bei mittlerer Hitze garen.

4. Für die Béchamelsauce die Butter zerlassen. Das Mehl einstreuen und unter ständigem Rühren 2 Minuten farblos anschwitzen. Die Milch zugießen und unter ständigem Rühren erhitzen, 10 Minuten köcheln lassen. Abschmecken.

5. Eine Auflaufform mit Butter ausfetten, mit Polentascheiben und den Resten, die beim Ausstechen übrigblieben, auslegen. Weiterverfahren, wie in dem Bild auf der linken Seite gezeigt. Den Auflauf bei 200 °C im vorgeheizten Ofen etwa 30 Minuten backen. Mit Salbeiblüten und Rosmarinnadeln bestreuen.

Hasenragout unter einer Nudelkruste

BEDECKT MIT EINER KROSSEN SCHICHT AUS NUDELN UND BROT, BEHÄLT DIESES SCHMACKHAFTE RAGOUT SEINE SAFTIGKEIT.

Die geschmackliche Ausgewogenheit macht dieses Gericht so interessant, und daran hat der verwendete Käse, der »pecorino toscano«, großen Anteil. Dieser ist für einen Pecorino im Aroma ganz besonders angenehm zart, und deshalb schmeckt er nicht nur geschmolzen so fein. Wie der Käse sollte auch der Wein von bester Qualität sein. Ein Chianti classico oder ein Brunello di Montalcino sind die ideale Zutat, und den ausgewählten Wein sollte man natürlich auch zum Essen servieren.

Für das Ragout:
600 g ausgelöstes Hasenfleisch
100 g Zwiebeln
30 g Butter
2 EL Pflanzenöl
Salz, frisch gemahlener weißer Pfeffer
1 EL Tomatenmark
1/4 l Rotwein (etwa Chianti classico)
1/8 l Wildfond
Für die Nudelkruste:
50 g Weißbrot, entrindet
1 bis 2 Knoblauchzehen
20 g Pinienkerne
Salz, frisch gemahlener weißer Pfeffer
40 ml Olivenöl
40 ml Sahne
60 g frisch geriebener Pecorino toscano
1 TL Thymianblättchen
250 g Pennette rigate
Außerdem:
Butter für die Form
20 g zerlassene Butter

Röhrennudeln stammen aus Süditalien, und das Gericht in seiner Zusammensetzung eher aus dem Norden Italiens. Das Ergebnis beweist, daß die regionalen Küchen des Landes nicht weit auseinanderliegen.

1. Für das Hasenragout das Fleisch sorgfältig von Haut und Sehnen befreien und in etwa 1 cm große Stücke schneiden.

2. Die Zwiebeln schälen und fein würfeln. Die Butter und das Öl in einer großen Pfanne erhitzen und das Fleisch darin von allen Seiten kräftig anbraten. Die Zwiebelwürfel kurz mitbraten. Salzen und pfeffern. Das Tomatenmark zufügen und alles gut durchrühren. Mit dem Rotwein ablöschen und 2 bis 3 Minuten einkochen lassen. Mit dem Wildfond aufgießen, zudecken und bei geringer Hitze 30 bis 35 Minuten schmoren.

3. Für die Nudelkruste das Weißbrot in wenig Wasser einweichen, gut ausdrücken und in einen Mixer geben. Den Knoblauch schälen und mit den Pinienkernen zugeben. Alle Zutaten zu einer Paste verarbeiten. In eine Schüssel umfüllen, salzen und pfeffern. Das Olivenöl unter ständigem Rühren in kleinen Mengen eingießen. Die Sahne und den geriebenen Käse unterrühren. Die Thymianblättchen einstreuen.

4. Die Nudeln in sprudelnd kochendem Salzwasser al dente kochen. Abseihen, kalt abschrecken und gut abtropfen lassen. Salzen und pfeffern. Mit der Weißbrotmischung vermengen.

5. Eine Auflaufform mit Butter ausfetten. Das Ragout einfüllen und die Brot-Nudel-Mischung darauf verteilen. Bei 200 °C im vorgeheizten Ofen 25 bis 30 Minuten backen. In den letzten 10 Minuten mit der zerlassenen Butter beträufeln.

Scheiterhaufen

EIN SÜSSER AUFLAUF AUS SEMMELN UND ÄPFELN, WIE ER IN DEN ALPENLÄNDERN ZUBEREITET WIRD.

Dieses sehr einfache ländliche Rezept kann als Hauptgericht oder, in kleineren Portionen, auch als Dessert zubereitet werden. In Südtirol kennt man einige Varianten; unter anderem wird der Auflauf zum Schluß noch mit einer dicken Schicht Eischnee bestrichen und bei starker Oberhitze oder unter dem Grill überbacken. Dazu kann man Vanillesauce servieren oder – wie in diesem Rezept – ein Sabayon, also eine Weinschaumsauce, natürlich aus Südtiroler Weißwein.

6 Semmeln vom Vortag (250 g)
500 g Äpfel
100 geriebene Mandeln ohne Schale
100 g Sultaninen

Die Äpfel aus dem Vintschgau sind von bester Qualität, denn das Gebirgsklima läßt die Früchte dort besonders gut gedeihen.

Scheiterhaufen. Der Name kommt sicherlich von den eingeschichteten Semmelscheiben, in jedem Fall ist er typisch tirolerisch, denn südlich und nördlich des Brenners hat man eine Vorliebe für solche doppelsinnigen Bezeichnungen.

1/2 l Milch, 50 g Zucker, 3 Eier
Abgeriebenes von 1/2 unbehandelten Zitrone
1 Prise Salz
40 g Butter, in Flöckchen
Für die Weinschaumsauce:
2 Eigelbe, 1 Ei, 120 g Zucker
1/4 l trockener Weißwein
Außerdem:
Butter für die Form

1. Die Semmeln in etwa 7 mm dicke Scheiben schneiden. Die Äpfel waschen, schälen, vierteln, das Kerngehäuse entfernen und das Fruchtfleisch in feine Scheibchen schneiden.

2. Eine feuerfeste Form mit Butter ausfetten. Zuerst eine Schicht Semmelscheiben und darauf eine Schicht Apfelscheiben in die Form legen und diese gleichmäßig mit Mandeln und Sultaninen bestreuen. In dieser Reihenfolge alle Zutaten einschichten. Die letzte Schicht soll aus Semmelscheiben bestehen.

3. Die Milch mit dem Zucker in einem entsprechend großen Topf erwärmen. Die Eier darin verquirlen, die Zitronenschale zufügen und salzen. Gleichmäßig über dem Auflauf verteilen und mit Butterflöckchen belegen. Bei 180 °C im vorgeheizten Ofen 30 Minuten backen.

4. Für die Sauce die Eigelbe, das Ei und den Zucker in einer Schüssel mit einem Schneebesen cremig rühren. Die Schüssel in ein Wasserbad setzen, wobei das Wasser nicht kochen darf, sondern nur gerade unter dem Siedepunkt simmern soll. Den Weißwein unter Rühren langsam zugießen und mit dem Schneebesen kräftig schlagen, bis eine schaumige Creme entstanden ist, die etwa um das Doppelte an Volumen zugenommen hat. Die Schüssel vom Wasserbad nehmen und in eine größere, mit Eiswasser gefüllte Schüssel stellen. Mit dem Schneebesen weiterschlagen, bis die Sauce abkühlt.

Zwiebelauflauf

NICHT JEDERMANNS SACHE – DOCH GUT ZUBEREITET EIN HERZHAFTES ESSEN, DAS ÜBERZEUGT.

Mit ihrem scharfen Geschmack und zuweilen stechenden Aroma sind Zwiebeln in geringer Menge meist Geschmacksgeber für andere Speisen. Doch Zwiebeln können auch als eigenständiges Gemüse schmackhaft zubereitet werden. Durch das lange Dünsten entwickeln die Zwiebeln ein süßliches Aroma, das hervorragend zum Hackfleisch paßt; und zudem werden sie dadurch auch leichter verdaulich.

600 g Zwiebeln, 300 g Tomaten
1 Knoblauchzehe, 4 EL Pflanzenöl
500 g Hackfleisch (gemischt), 2 EL Tomatenmark
2 TL edelsüßes Paprikapulver
Salz, frisch gemahlener Pfeffer
1 EL gehackter Liebstöckel
100 ml Rinderfond, 100 ml Rotwein

Die Zwiebelscheiben unter Rühren 3 bis 4 Minuten in dem erhitzten Öl dünsten. Herausnehmen. Das zurückgebliebene Öl wieder erhitzen und das Fleisch bei starker Hitze darin anbraten, dabei mit einem Pfannenwender zerkrümeln. Tomaten, Knoblauch und Tomatenmark unterrühren. Würzen, den Fond und den Wein aufgießen. Zum Schluß die Zwiebelringe zu dem fertig zubereiteten Hackfleisch geben.

Für die Käsesauce:
15 g Butter, 10 g Mehl, 1/4 l Milch
Salz, frisch gemahlener schwarzer Pfeffer
80 g frisch geriebener Tilsiter
Außerdem:
gehackter Liebstöckel zum Bestreuen

Die Zwiebeln schälen und in 2 mm dicke Scheiben schneiden. Die Tomaten blanchieren, häuten, Samen entfernen und das Fruchtfleisch würfeln. Den Knoblauch schälen und fein hacken. Das Öl erhitzen. Die Zwiebeln darin dünsten und das Fleisch anbraten, wie gezeigt. Tomaten, Knoblauch und Tomatenmark zum Fleisch geben und gut vermischen. Mit Paprikapulver, Salz, Pfeffer und Liebstöckel würzen, den Fond zugießen und 5 Minuten köcheln lassen. Den Wein aufgießen und weitere 5 Minuten köcheln lassen. Die Zwiebelscheiben zurück in die Pfanne geben und unter das Hackfleisch rühren. Die Mischung in eine ungefettete Auflaufform füllen. Für die Sauce die Butter zerlassen und das Mehl unter Rühren darin hell anschwitzen. Die Milch zugießen, salzen und pfeffern. Gut durchrühren und etwa 10 Minuten leicht köcheln lassen. Den Käse darin schmelzen. Die Sauce in die Form gießen und den Auflauf bei 200 °C im vorgeheizten Ofen 25 Minuten backen. Mit Liebstöckel bestreuen.

Die Aprikosensamen nach 5 Minuten wieder herausnehmen. Den Likör einrühren und etwas abkühlen lassen. Die Fruchtmischung in die gefettete Form geben, mit Mandelstiften bestreuen und mit der Reismasse bedecken.

Aprikosen-Reis-Auflauf

EINE SÜSSE SPEZIALITÄT AUS DER VIELFÄLTIGEN KÜCHE SÜDOSTEUROPAS.

Aprikosen sind nicht nur als Tafelobst beliebt. Die aromatischen Früchte werden zu Konfitüre, Likör und Trockenobst verarbeitet oder dienen als Basis für eine Vielzahl von Desserts und Backwaren. Die feinsten Früchte kommen erst im Spätsommer aus Bosnien und Kroatien zu uns auf den Markt. Und dieser saftige Aprikosen-Reis-Auflauf verlangt unbedingt nach vollreifen Früchten, die durch den Marillenlikör zusätzlich Geschmack erhalten. Aprikosenkerne dienen als Mandelersatz, denn mit ihrem nussigen Geschmack bringen die Samen ein schönes Aroma mit ein.

Für den Reis:
1/2 l Milch
ausgeschabtes Mark von 1/2 Vanilleschote
1/2 TL Salz
150 g Milchreis, 60 g Zucker
60 g Butter
3 Eigelbe, 3 Eiweiße
Für die Aprikosen:
700 g reife Aprikosen, 80 g Zucker
Abgeriebenes und Saft von 1 unbehandelten Zitrone
4 cl Marillenlikör
30 g gestiftelte Mandeln
Außerdem:
Butter für die Form
Puderzucker zum Besieben

1. Die Milch mit dem Vanillemark und dem Salz in einem Topf zum Kochen bringen. Den Reis unter Rühren einrieseln lassen und bei sehr geringer Hitze 20 bis 30 Minuten ausquellen lassen. Vom Herd nehmen und erkalten lassen.

2. Die Hälfte des Zuckers in einer Schüssel mit der Butter schaumig rühren. Die Eigelbe nacheinander zugeben und jeweils gut unterrühren. Diese Mischung unter den erkalteten Reis rühren. Die Eiweiße zu steifem Schnee schlagen, dabei den restlichen Zucker langsam einrieseln lassen. Den schnittfesten Eischnee vorsichtig unter die Reismasse heben.

3. Die Aprikosen blanchieren, kalt abschrecken, häuten, halbieren und entkernen. 5 Aprikosenkerne mit einem festen Gegenstand aufschlagen und das Innere der Kerne (die Samen) herausholen. Die Aprikosen in eine Kasserolle geben, Zucker, abgeriebene Zitronenschale und Zitronensaft zufügen. Die Aprikosensamen zu den Früchten in den Topf geben und alles 5 Minuten köcheln lassen. Weiterverfahren, wie gezeigt.

4. Eine Auflaufform mit 24 cm Durchmesser mit Butter ausfetten, die gekochten Aprikosen einfüllen und mit den Mandelstiften bestreuen. Die Reismasse gleichmäßig darauf verteilen, wie gezeigt, und bei 180 °C im vorgeheizten Ofen 30 bis 40 Minuten backen. Nach der Hälfte der Backzeit den Auflauf mit Alufolie abdecken, da er schnell bräunt. Mit Puderzucker besieben.

Nur von bester Qualität sollte der Knoblauch für Gerichte mit Fisch oder Meeresfrüchten sein. Das heißt, er darf nicht überlagert sein, sondern muß frisch und mild schmecken, aber trotzdem volles Aroma haben.

Gratinierter Garnelenrisotto

EIN GRATIN, WIE ES MIT FISCH UND MEERESFRÜCHTEN ÜBERALL AUF DEM BALKAN ÄHNLICH ZUBEREITET WIRD.

Die Basis ist ein Risotto, wie er in Italien gekocht wird, doch läßt man den Reis nur so lange auskochen, daß er einigermaßen körnig bleibt. Auch der Käse kann durchaus italienisch sein, zum Beispiel ein Asiago vecchio, ein Montasio vecchio oder ein Provolone piccante. Es können aber auch die Hartkäse vom Balkan verwendet werden, wie zum Beispiel ein Kefalotiri aus Schafmilch, der besonders pikant schmeckt und ganz hervorragend über den Reisauflauf paßt.

2 Knoblauchzehen
60 g Zwiebel
50 g Butter
250 g Langkornreis
1/2 l Fischfond, Salz
1 g Safran, in wenig Wasser aufgelöst

Pfefferminze ist in den Regionalküchen des Balkans sehr häufig Bestandteil pikanter Zubereitungen. Dieses Gericht ist ein gutes Beispiel dafür, daß eine Kombination von Knoblauch, Pfeffer, Käse und frischer Minze eine höchst delikate Mischung ergibt.

Die Körner des Langkornreis sind schmal und haben einen harten und glasigen Kern. Langkornreis ist für diesen Risotto besonders geeignet, weil er trocken und körnig kocht.

400 g Tomaten
20 g Butter
300 g Garnelen (Handelsgröße 20-30), geschält
frisch gemahlener schwarzer Pfeffer
2 Eier
10 g Semmelbrösel
60 g geriebener Hartkäse (Kaşar Peynir)
20 g Butter, in Flöckchen
Außerdem:
Butter für die Form
2 EL gehackte Minze

1. Den Knoblauch und die Zwiebel schälen und fein hacken. Die Butter in einem Topf zerlassen

und beides darin hell anschwitzen. Den Reis zugeben und glasig braten. Mit dem Fond aufgießen, salzen und den Safran zugeben. 20 bis 25 Minuten bei mittlerer Hitze kochen, der Reis sollte ziemlich trocken werden.

2. Die Tomaten blanchieren, häuten, halbieren, Stielansatz und Samen entfernen und das Fruchtfleisch in 1 cm große Würfel schneiden. 5 Minuten vor Ende der Garzeit unter den Reis mischen.

3. Die Butter in einer Pfanne zerlassen und die Garnelen darin 2 bis 3 Minuten anbraten. Zum Reis geben, mit Salz und Pfeffer abschmecken.

4. Eine entsprechend große Auflaufform mit Butter ausfetten und den Garnelenreis einfüllen. Die Eier verquirlen und gleichmäßig über den Reis verteilen. Die Semmelbrösel mit dem geriebenen Käse mischen und auf die Oberfläche streuen. Mit den Butterflöckchen belegen. Bei 200 °C im vorgeheizten Ofen 15 Minuten überbacken. Mit Minze bestreuen und servieren.

Gebackenes Kraut

EIN HERZHAFTER AUFLAUF, DER ALS KOMPLETTE MAHLZEIT DIENT: REIS, KRAUT UND FLEISCH.

Im Osten Europas erfreut sich Weißkohl großer Beliebtheit, so auch in Ungarn. Die ungarische Küche kennt eine Vielzahl von Krautrezepten. Vor allem auf dem Land, wo die Natur das Angebot der Speisen bedingt, wird viel mit Sauerkraut gekocht, da es durch seine lange Haltbarkeit auch im Winter zur Verfügung steht.

100 g Zwiebeln, 1 Knoblauchzehe
80 g durchwachsener Räucherspeck
400 g mageres Schweinefleisch
3 EL Öl, Salz, frisch gemahlener Pfeffer
2 EL edelsüßes Paprikapulver
1/4 l Kalbsfond, 100 g Langkornreis
Für das Kraut:
600 g Sauerkraut, 200 ml Weißwein
1 Lorbeerblatt, Salz, frisch gemahlener Pfeffer
200 g saure Sahne, 1 TL gehackter Kümmel
Außerdem:
Butter für die Form, 1 EL gehackte Petersilie

Mit Sauerkraut läßt es sich kreativ kochen. Von schnellen über klassisch-deftigen bis hin zu Gerichten der neuen Küche – allerlei Ansprüchen wird damit Genüge getan. Für dieses Rezept kann man sogar Reste vom sonntäglichen Schweinebraten verwerten.

In die gebutterte Form zuerst den Reis, dann die Fleischmasse und zum Schluß das Sauerkraut einschichten. Mit der gewürzten Sahne bedecken.

1. Die Zwiebeln und den Knoblauch schälen und fein hacken. Den Speck fein würfeln. Das Schweinefleisch in kleine Würfel schneiden.

2. Die Hälfte des Öls in einer Pfanne erhitzen und den Speck darin glasig braten. Die Zwiebeln und den Knoblauch zugeben und goldgelb braten. Das Fleisch zufügen und braten, bis es rundum hellbraun ist. Mit Salz, Pfeffer und Paprikapulver würzen. Den Fond zugießen und etwa 20 Minuten bei mittlerer Hitze schmoren lassen.

3. Das restliche Öl in einem Topf erhitzen und den Reis darin unter ständigem Rühren glasig braten. So viel Wasser auffüllen, daß der Reis gerade bedeckt ist. Salzen. Etwa 10 Minuten kochen lassen, abgießen und abtropfen lassen.

4. Das Sauerkraut in einen Topf geben und den Wein zugießen. Das Lorbeerblatt einlegen, mit Salz und Pfeffer würzen, zudecken und 20 Minuten köcheln lassen.

5. Eine große Auflaufform mit Butter ausfetten. Zuerst den Reis, dann die Fleischmasse und zuletzt das Sauerkraut einschichten. Die saure Sahne mit dem Kümmel glattrühren und auf dem Kraut verteilen. Die Form locker mit Alufolie abdecken, damit die Oberfläche nicht zu schnell bräunt.

6. Den Auflauf bei 200 °C im vorgeheizten Ofen 50 Minuten backen. Die Alufolie entfernen und weitere 10 Minuten backen, bis die Oberfläche eine leichte Bräunung bekommt. Mit gehackter Petersilie bestreuen und servieren.

Grießauflauf mit Pflaumen

EIN EINFACHES GERICHT DER BÄUERLICH-LÄNDLICHEN KÜCHE, DAS SICH GROSSER BELIEBTHEIT ERFREUT.

Mehlspeisen spielen in der k.u.k-Küche eine große Rolle. Entstanden sind sie meist aus phantasievoller Sparsamkeit, denn die Bauern verwendeten in erster Linie Produkte, die sie selbst erzeugten: Milch, Butter, Sahne, Eier, Getreide und Obst. Doch diese waren von bester Qualität. Auch heute erfordert deshalb die Zubereitung solch einfacher Gerichte vorzügliche Produkte. Frische, ausgereifte Früchte sollten es sein – verwenden kann man etwa die frühen Pflaumensorten »Ruth Gerstetter« oder »Rivers Frühpflaume«. Will man dieses Rezept außerhalb der Pflaumensaison zubereiten, bieten sich Süßkirschen als Alternative an. Serviert wird ein solcher Auflauf meist als Hauptmahlzeit.

600 g reife Pflaumen
80 g Marzipanrohmasse
1 Messerspitze gemahlener Zimt, 50 g Honig
1/2 l Milch, 80 g Zucker, 1/4 TL Salz
Abgeriebenes von 1/2 unbehandelten Zitrone
ausgeschabtes Mark von 1/2 Vanilleschote
100 g Weizengrieß
30 g Butter, 5 Eigelbe
5 Eiweiße
Außerdem:
Butter und Semmelbrösel für die Form
Puderzucker zum Besieben

1. Die Pflaumen waschen, abtrocknen, halbieren, die Steine entfernen und in eine Schüssel geben. Die Marzipanrohmasse in kleine Würfel schneiden, mit dem Zimt und dem Honig glattrühren. Diese Mischung über die Pflaumen verteilen und 2 bis 3 Stunden durchziehen lassen.

2. Die Milch mit 30 g Zucker, dem Salz, der Zitronenschale und dem Vanillemark zum Kochen bringen. Den Grieß langsam einrieseln lassen und bei ganz schwacher Hitze etwa 5 Minuten ausquellen lassen. Den Topf vom Herd nehmen. Zuerst die Butter und dann nacheinander die Eigelbe unterrühren.

3. Die Eiweiße steif schlagen, dabei den restlichen Zucker langsam einrieseln lassen und weiterschlagen, bis ein schnittfester Eischnee entstanden ist. Den Eischnee mit einem Kochlöffel unter den warmen Grießbrei ziehen.

4. Eine Auflaufform mit Butter ausfetten und mit Semmelbröseln ausstreuen. So viel Grießmasse einfüllen, daß eine 1 cm dicke Schicht den Boden bedeckt. Die Pflaumen mit der Honigsauce darauf verteilen. Die restliche Grießmasse darübergeben und die Oberfläche glattstreichen.

5. Den Auflauf bei 200 °C im vorgeheizten Ofen in 35 bis 40 Minuten hellbraun backen. Mit Puderzucker besieben und sofort servieren.

Luftig und leicht ist dieser süße Grießauflauf. Bei Zugluft fällt er schnell zusammen, er sollte deshalb unverzüglich serviert werden.

NW 1

Topfengratin mit Erdbeeren

AROMATISCHE FRÜCHTE UNTER EINER ZARTEN HAUBE, SERVIERT MIT EINER TOKAJERSAUCE.

Das Gratin aus Topfen – wie der Quark in Österreich und in Süddeutschland genannt wird – kann als süßes Hauptgericht oder als Dessert serviert werden; dieses Rezept ergibt 4 beziehungsweise 8 Portionen. Dazu paßt eine Tokajer-Fruchtsauce ausgezeichnet. Tokajer, der legendäre ungarische Dessertwein, hat sein Land als Weinland berühmt

Der Topfen (Quark) sollte für dieses Gratin sehr trocken sein, da unnötige Flüssigkeit das Gericht nur wässrig machen würde. Gut geeignet ist daher auch Schichtkäse, der ebenfalls in verschiedenen Fettstufen angeboten wird.

Die kochende Milch mit der angerührten Speisestärke binden und einige Minuten kochen lassen. Die Vanilleschote herausnehmen.

Die Hitze abschalten und die beiden Eigelbe nacheinander mit einem Schneebesen unterrühren.

Den Topfen durch ein feinmaschiges Sieb passieren und mit dem Schneebesen unter die Creme ziehen.

Die Eiweiße mit dem restlichen Zucker zu schnittfähigem Schnee schlagen und unterrühren. Die Sahne unterziehen.

Die Früchte auf Teller anrichten und die Topfencreme darübergießen. Unter dem Grill gratinieren, bis die Oberfläche braun ist.

Das Gratin mit etwas Puderzucker besieben und mit einigen gerösteten Mandelscheibchen garnieren. Sofort servieren.

gemacht. Für diesen natürlichen Süßwein ohne Alkoholzusatz werden die Trauben erst geerntet, wenn die Beeren eingeschrumpft sind. Sie werden mit Most oder Jungwein vergoren, wobei die zugegebene Menge an Trockenbeerenmaische die »Butten-Zahl« bedingt. Ein 5-buttiger Tokajer enthält mindestens 120 g Restzucker pro Liter; eine deutsche Spätlese im Vergleich etwa 50 g.

250 g Erdbeeren
Für das Topfengratin:
1/4 l Milch, 2 TL Speisestärke
1/2 Vanilleschote, aufgeschlitzt
70 g Puderzucker
1 Messerspitze Salz, 2 Eigelbe
200 g trockener Topfen (20 % Fett)
2 Eiweiße, 1/8 l Sahne, geschlagen
Für die Tokajer-Aprikosen-Sauce:
200 g frische, reife Aprikosen, 50 g Zucker
200 ml Original Tokajer Ausbruch, 5-buttig

Außerdem:
Puderzucker zum Besieben
geröstete Mandelscheibchen

Die Erdbeeren waschen, halbieren und gut abtropfen lassen. Für die Topfencreme von der Milch einige Eßlöffel abnehmen und die Speisestärke darin glattrühren. Die restliche Milch mit der Vanilleschote, der Hälfte des Puderzuckers und dem Salz in einer Kasserolle aufkochen. Die Hitze zurückschalten und weiterverfahren, wie links gezeigt. Für die Tokajer-Aprikosen-Sauce die Aprikosen waschen, blanchieren, kalt abschrecken und häuten. Die Früchte halbieren, die Kerne entfernen und das Fruchtfleisch kleinschneiden. Zusammen mit dem Zucker und dem Tokajer in einen entsprechend großen Topf geben und bei geringer Hitze 20 Minuten köcheln lassen. Die Sauce mit dem Mixstab pürieren und separat zum Topfengratin servieren.

Lammfleischbällchen, mit Joghurtsauce überbacken

JOGHURT IST AUS DER TRADITIONELLEN BULGARISCHEN KÜCHE NICHT WEGZUDENKEN.

Ursprünglich konnte man das köstliche Milchprodukt in Bulgarien lose beim Milchmann kaufen, der den Joghurt täglich frisch zubereitete. Dabei verlangte die Hausfrau möglichst viel von der dicken Sahnehaut, die sich oben auf dem Joghurt absetzte. Eine genußvolle Vorstellung für den Gourmet: Der Wohlgeschmack mußte noch nicht dem Kalorienbewußtsein weichen!

Für die Fleischbällchen:
40 g Zwiebel
1 Knoblauchzehe
1 kleine grüne Chilischote
600 g Hackfleisch vom Lamm
1/2 TL gehackter Rosmarin
2 TL gehackter Oregano
75 g Mehl
2 Eier
Salz, frisch gemahlener schwarzer Pfeffer
Für die Joghurtsauce:
100 g Joghurt (3,5 % Fett)
50 g Schmand (Sauerrahm, 24 % Fett)
2 Eigelbe
Salz
1 EL Kümmel
Außerdem:
Olivenöl für die Form
200 ml Lammfond
1 grüne Chilischote

1. Die Zwiebel und den Knoblauch schälen und fein hacken. Die Chilischote halbieren, die Samen entfernen und das Fruchtfleisch fein hacken.

2. Das Hackfleisch, die Zwiebel-, Knoblauch- und Chiliwürfel, Rosmarin, Oregano, Mehl und Eier in eine Schüssel geben, salzen und pfeffern. Alle Zutaten zu einem geschmeidigen Fleischteig verarbeiten. Aus dem Teig 24 Bällchen formen.

3. Eine entsprechend große, flache Auflaufform mit Olivenöl ausfetten. Die Fleischbällchen in die Form setzen und den Lammfond eingießen. Mit Alufolie abdecken. Bei 180 °C im vorgeheizten Ofen 20 Minuten garen.

4. In der Zwischenzeit den Joghurt mit dem Schmand, den Eigelben, Salz und Kümmel gut verrühren. Die Folie von der Form entfernen, die Joghurtsauce über die Fleischbällchen verteilen und weitere 10 Minuten überbacken.

5. Die Chilischote halbieren, die Samen entfernen und das Fruchtfleisch in feine Streifen schneiden. Über das fertige Gericht streuen und servieren.

Aal in Tomatensauce, mit Feta gratiniert

FETA, DER GRIECHEN LIEBSTER KÄSE, GIBT IN DIESEM REZEPT DEM AAL DEN BESONDEREN PFIFF.

Sowohl der Flußaal als auch der Meeraal können für dieses Gericht verwendet werden. Man muß nur berücksichtigen, daß der Flußaal ein sehr fetter Fisch ist und das Gericht somit entsprechend schwer macht; der Meeraal ist dagegen leichter und darüber hinaus auch noch viel billiger. In jedem Fall sollte man dem Fischhändler das Abziehen des Aals überlassen, weil das doch einige Mühe bereitet.

1 kg Meeraal, ausgenommen, ohne Kopf, gehäutet
1 TL Salz, frisch gemahlener Pfeffer
2 EL Olivenöl

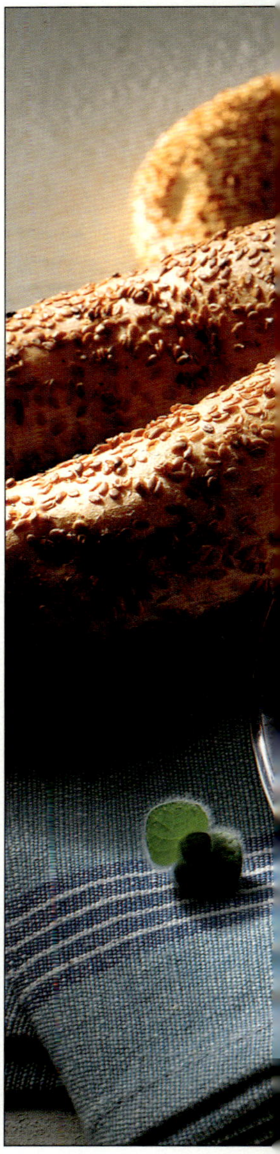

Fisch, Tomaten und Käse. Diese Zusammenstellung funktioniert eigentlich immer und wird in vielen Variationen in der mediterranen Küche wiederholt. Auch als Gratin ergibt die Kombination ein delikates Ergebnis.

Zuerst wird die Tomatensauce eingefüllt, darauf kommen die angebratenen Aalstücke und darüber die Mischung aus Käse und Crème fraîche. In Griechenland streut man über ein solches Gericht zusätzlich noch reichlich frisch gehackte Minze.

Für die Tomatensauce:
250 g Zwiebeln, 2 Knoblauchzehen
500 g Tomaten, 2 EL Olivenöl, 2 EL Tomatenmark
1 Lorbeerblatt, 1 TL gehackter Kreta-Majoran
2 EL gehackte glatte Petersilie, 1 EL gehackte Minze
Abgeriebenes von 1/2 unbehandelten Zitrone
1 TL Salz, frisch gemahlener Pfeffer
Für die Käsemischung:
150 g Feta, 80 g Crème fraîche
3 EL Sahne

1. Den Meeraal in etwa 5 cm große Stücke schneiden, salzen und pfeffern. Das Öl in einer Pfanne erhitzen. Den Aal darin rundum anbraten, herausnehmen und beiseite stellen.

2. Für die Tomatensauce die Zwiebeln und den Knoblauch schälen und fein hacken. Die Tomaten blanchieren, häuten, vierteln, Stielansatz und Samen entfernen und das Fruchtfleisch in Würfel schneiden. Das Öl in einer Pfanne erhitzen, Zwiebeln und Knoblauch darin glasig anschwitzen. Das Tomatenmark, die Tomaten, das Lorbeerblatt, die Kräuter und die Zitronenschale zugeben, salzen und pfeffern. 10 Minuten köcheln lassen.

3. Die Sauce in eine Auflaufform füllen und die Aalstücke hineinlegen. Den Feta-Käse, die Crème fraîche und die Sahne in einer Schüssel verrühren und über dem Aal verteilen. Bei 200 °C im vorgeheizten Ofen etwa 30 Minuten überbacken.

Garnelengratin

GRIECHISCH GEWÜRZT – MIT KRETA-MAJORAN UND KALAMATA-OLIVEN – UND MIT SCHAFKÄSE ÜBERBACKEN.

Oliven und Kräuter sind ein wichtiger Bestandteil der griechischen Küche. Der für dieses Gericht verwendete Kreta-Majoran ist an seinen silbrig behaarten Blättchen erkennbar. Im Geschmack milder als der griechische Oregano, paßt er hervorragend zu den feinen Garnelen. Kreta-Majoran kann man als Pflanze auch bei uns (bei Kräuterspezialisten) bekommen. Ersatz wäre eine Mischung aus Thymian und Oregano, weil der Kreta-Majoran geschmacklich etwa dazwischen liegt.

20 rohe Garnelenschwänze (Handelsgröße 20-30)
Für das Gemüse:
100 g weiße Zwiebeln, 1 Knoblauchzehe
2 milde Peperoni (Charleston)
200 g Zucchini, 120 g Tomaten, 8 Kalamata-Oliven
4 EL Olivenöl, 1/8 l Weißwein, 1 Lorbeerblatt
Salz, Pfeffer, 1 TL Blättchen von Kreta-Majoran
Für die Käsesauce
100 g griechischer Schafkäse, gewürfelt
80 g Crème fraîche, 2 EL Sahne
Außerdem:
Olivenöl für die Förmchen

Tradition und stolzes Selbstbewußtsein verkörpert der Kreter im Kafeníon. Und genauso stolz ist dieses Volk auch auf seine Küche.

1. Die Garnelenschwänze schälen, dabei die Schale mit einer Schere auf der Unterseite einschneiden und bis auf den Schwanzfächer mit den Fingern ablösen.

2. Die Zwiebeln und den Knoblauch schälen. Die Zwiebeln in dünne Ringe schneiden, den Knoblauch fein hacken. Die Peperoni halbieren, Samen und Scheidewände entfernen und das Fruchtfleisch in feine Streifen schneiden. Die Zucchini von Stiel- und Blütenansatz befreien, der Länge nach halbieren und quer in dünne Scheiben schneiden. Die Tomaten blanchieren, häuten, halbieren, Stielansatz und Samen entfernen und das Fruchtfleisch in Würfel schneiden. Die Oliven halbieren und entsteinen.

3. Das Öl erhitzen und die Garnelen darin von beiden Seiten je 5 Minuten braten, herausnehmen. Zwiebelringe und Knoblauch hell anschwitzen. Das Gemüse kurz mitanschwitzen. Den Wein aufgießen, das Lorbeerblatt, Salz, Pfeffer und Majoran einrühren und alles zusammen 4 Minuten köcheln lassen. Die Garnelen einlegen und kurz erwärmen. 4 feuerfeste Förmchen ausfetten und die Garnelen-Gemüse-Mischung darin verteilen.

4. Für die Käsesauce den Schafkäse, die Crème fraîche und die Sahne in einer Schüssel vermischen und auf die Förmchen verteilen. Bei 220 °C im vorgeheizten Ofen 8 Minuten gratinieren.

Gemüseauflauf aus Kreta

EIN ANGENEHM LEICHTES SOMMERESSEN, MIT VIEL FRISCHEM GEMÜSE.

Die Südküste Kretas und speziell die Gegend um Jerápetra ist ein Zentrum des kretischen Gemüseanbaus. Vor allem Tomaten und Frühgemüse gedeihen dort sehr gut. Um Qualitätsverluste zu vermeiden – gerade die wertvollen Vitamine werden durch Licht und Luft schnell zerstört – ist die richtige Lagerung bei Gemüse besonders wichtig. Nach Sorten getrennt und in Folie verpackt, nur so ist die erforderliche hohe Luftfeuchtigkeit garantiert, hält sich Gemüse am besten bei 0 bis 1 °C, kälteempfindliches Fruchtgemüse wie Auberginen oder Paprika dagegen bei etwa 10 °C.

150 g grüne Bohnen
400 g Zucchini, 200 g rote Paprikaschoten
150 g Spinat

Ein solch schmackhafter Gemüseauflauf wird seltener in kretischen Tavernen serviert als erwartet, weil dort mehr gegrillt und fritiert als gekocht wird. Umso lohnender ist es, das vitaminreiche Gericht selbst nachzukochen.

Frühgemüse und Tomaten sind wichtige Exportartikel der fünftgrößten Mittelmeerinsel und auch die kretischen Märkte bieten ein reiches Angebot an frischem Gemüse.

60 g Zwiebel
120 g Feta, 120 g Kefalotiri
4 Eier
1/8 l Sahne
2 EL feingehackte Petersilie
1 EL feingehackte Minze
40 g geröstete Semmelbrösel
Salz, frisch gemahlener Pfeffer

Außerdem:

Olivenöl für die Form
1 EL geschälter Sesam

1. Die Bohnen putzen und in etwa 2 cm große Stücke schneiden. Von den Zucchini Blüten- und

Stielansatz entfernen und das Fruchtfleisch in etwa 5 mm große Würfel schneiden. Die Paprikaschoten halbieren, Samen und Scheidewände entfernen und ebenfalls in 5 mm große Würfel schneiden. Den Spinat putzen und gründlich waschen. Die Zwiebel schälen und fein hacken.

2. Die Bohnen in kochendes Wasser geben und 10 Minuten kochen. In den letzten 3 Minuten die Zucchini- und Paprikawürfel mitkochen. Das Gemüse herausnehmen und gut abtropfen lassen. Den Spinat etwa 1 Minute blanchieren, abtropfen lassen, gut ausdrücken und grob hacken. Das Gemüse in einer Schüssel vermischen.

3. Den Feta in kleine Würfel schneiden. Den Kefalotiri reiben. Die Eier mit der Sahne verquirlen. 2/3 der beiden Käsesorten, die Petersilie, die Minze und die Semmelbrösel zugeben, salzen, pfeffern und alles gut durchrühren. Über das Gemüse gießen und vermischen.

4. Eine feuerfeste Form mit Öl ausfetten und die Gemüsemischung einfüllen. Mit dem restlichen Käse und dem Sesam bestreuen. Bei 200 °C im vorgeheizten Ofen 25 Minuten überbacken.

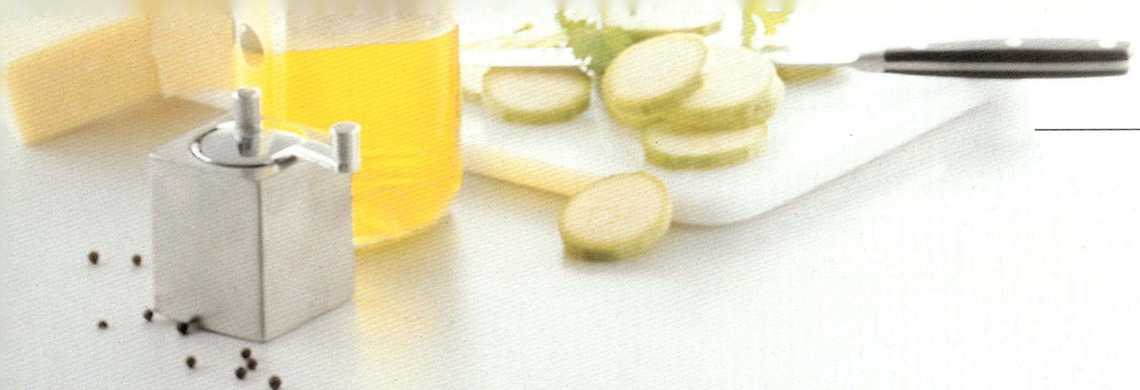

Gemüseauflauf mit Ragout vom Zicklein

MOUSSAKA – EIN TRADITIONELLES HAUPTGERICHT AUS DEM OFEN, DAS GESCHMACKLICH ÜBERZEUGT.

Nicht wie üblich Hackfleisch vom Rind, Schwein oder Lamm, sondern ein feines Ragout von junger Ziege ist die Basis für diese Füllung, die unter dem Gemüse versteckt ist.

Für das Ragout:
700 g Zickleinfleisch, 80 g Zwiebeln
2 Knoblauchzehen, 50 g Stangensellerie, 50 g Möhre
1 milde Peperoni (Charleston)
100 g grüne Paprikaschote
Salz, frisch gemahlener schwarzer Pfeffer
3 EL Olivenöl, 1 EL Tomatenmark, 100 ml Tomatensaft
150 ml Kalbsfond, 1 TL gehacktes Koriandergrün
Für das Gemüse:
300 g Tomaten, 200 g hellgrüne Zucchini
300 g schlanke Auberginen
Salz, frisch gemahlener Pfeffer
Außerdem:
Olivenöl für die Form, 30 g Butter, in Flöckchen
100 g geriebener Hartkäse (Kaşar peyniri)

Diesen Auflauf aus einer Mischung von Gemüse und Fleisch gibt es von Kroatien bis Zypern. Jede Region auf dem Balkan hat ihre eigenen Rezepte, und der Phantasie der Köche sind dabei keine Grenzen gesetzt, ausgenommen das tägliche Angebot auf dem Markt.

Die Form mit Auberginenscheiben auslegen und das Ragout vom Zicklein einfüllen. Auf der Oberfläche zunächst einen äußeren Kreis von farblich abwechselnden Gemüsescheiben überlappend einlegen und dann die Mitte entsprechend mit Gemüsescheiben ausfüllen. Mit Käse bestreuen und überbacken.

1. Für das Ragout das Zickleinfleisch sehr sorgfältig von Haut und Sehnen befreien und in etwa 1,5 cm große Würfel schneiden. Die Zwiebeln und den Knoblauch schälen und fein hacken. Den Stangensellerie fein würfeln. Die Möhre schälen und fein würfeln. Die Peperoni und die Paprikaschote halbieren, Samen und Scheidewände entfernen. Die Peperoni in feine Streifen, die Paprikaschote in 1 cm große Würfel schneiden.

2. Das Fleisch salzen und pfeffern. Das Öl in einer großen Pfanne erhitzen und das Fleisch darin rundherum anbraten. Das Gemüse 5 Minuten mitbraten. Das Tomatenmark einrühren und kurz mitrösten. Den Tomatensaft und den Kalbsfond aufgießen und alles 15 Minuten leicht köcheln lassen. Das Koriandergrün einstreuen.

3. Für das Gemüse die Tomaten blanchieren und häuten. Die Zucchini und die Auberginen von Blüten- und Stielansatz befreien. Alles in 5 mm dicke Scheiben schneiden.

4. Eine Auflaufform mit Olivenöl ausstreichen. Den Boden mit Auberginenscheiben auslegen. Darauf das Zickleinragout füllen. Die Oberfläche abwechselnd mit Zucchini-, Auberginen- und Tomatenscheiben belegen. Salzen und pfeffern. Mit Butterflöckchen belegen. Bei 200 °C in den vorgeheizten Ofen stellen und 20 Minuten garen. Herausnehmen, mit Käse bestreuen und weitere 10 Minuten überbacken.

Sand zwischen den Zähnen ist nun wahrlich kein Genuß, und deshalb muß der Blattspinat sorgfältig gewaschen werden.

Börek mit Spinat und Lammfleisch

EIN AUSSERGEWÖHNLICHES GERICHT, BEI DEM DIE EINZELNEN ZUTATEN AUFS BESTE KOMBINIERT SIND.

Börek – Pastete – nennt sich dieser Auflauf in der Türkei. Er reiht sich in eine ganze Serie von köstlichen Aufläufen oder gratinierten Gerichten ein, die zum Repertoire der türkischen Küche gehören. Die dazu verwendeten Yufka-Teigblätter bestehen aus einem einfachen Strudelteig, zubereitet aus Wasser, Mehl und Salz, der sich dünn ausziehen läßt und der besseren Haltbarkeit wegen leicht angeröstet wird. So vorbereitet, sind die Blätter in türkischen Lebensmittelläden erhältlich.

6 Yufka-Teigblätter von 26 cm Durchmesser
Für die Füllung:
300 g Blattspinat, geputzt
150 g Zwiebeln, 50 g Butter
2 EL Öl, 300 g Hackfleisch vom Lamm
Salz, frisch gemahlener Pfeffer
2 TL edelsüßes Paprikapulver
Für die Joghurtsauce:
125 g Butter
3 Eier, 1/4 l Milch
150 g Joghurt (3,5 % Fett)
Salz, frisch gemahlener weißer Pfeffer
Außerdem:
Butter für die Form
20 g frisch geriebener Kaşar Peyniri
1 TL Petersilie zum Bestreuen

Yufka-Teigblätter finden vielseitig Verwendung – entweder geschichtet wie hier oder als Hülle für die verschiedensten Füllungen aus Fleisch, Gemüse, Käse oder Kräutern. Auch für Süßspeisen eignen sie sich, da der Teig im Geschmack neutral ist.

1. Den Spinat gründlich waschen, abtropfen lassen und klein hacken. Die Zwiebeln schälen und fein hacken. Die Butter in einem Topf zerlassen und die Zwiebeln darin glasig anschwitzen. Den Spinat zugeben und etwa 10 Minuten dünsten, bis das Wasser verdampft ist. Vom Herd nehmen und abkühlen lassen.

2. Das Öl in einer entsprechend großen Pfanne erhitzen und das Hackfleisch darin braten, bis es krümelig zerfällt. Mit Salz, Pfeffer und Paprikapulver würzen. Das Fleisch mit dem Spinat vermischen und erneut abschmecken. Die Mischung vollständig erkalten lassen.

3. Für die Joghurtsauce die Butter in einem Topf zerlassen und abkühlen lassen. Die Eier in einer kleinen Schüssel mit einer Gabel verquirlen. Die Milch, den Joghurt und die Eier zu der Butter geben und alles mit dem Schneebesen gut miteinander verrühren. Die Sauce salzen und pfeffern.

4. Eine Auflaufform mit Butter ausfetten. Ein Teigblatt einlegen und mit etwas Joghurtsauce bestreichen. Ein zweites und ein drittes Teigblatt auflegen und jeweils mit der Sauce bestreichen. Auf die dritte Teigplatte die Spinat-Hackfleisch-Mischung füllen und flach verteilen. Darauf erneut drei Teigblätter mit jeweils etwas Joghurtsauce dazwischen einschichten. Das oberste Teigblatt zusätzlich mit Käse bestreuen.

5. Den Auflauf bei 180 °C im vorgeheizten Ofen in 35 Minuten goldgelb backen. Aus dem Ofen nehmen und mit gehackter Petersilie bestreuen.

Hackfleisch und Gemüse aus dem Ofen

AUBERGINEN UND RINDFLEISCH – HIER MIT ERFRISCHENDEM JOGHURT ÜBERBACKEN.

»Maldum«, so heißt die Kombination von Auberginen, Tomaten und Hackfleisch – in einer Auflaufform gegart – in der Gegend um Midyat. Weil die Versorgung mit frischem Gemüse im Winter relativ schwierig war, gab es ursprünglich eine Version dieses aramäischen Gerichts, bei der das Gemüse durch Kartoffeln ersetzt wurde. Das hier vorgestellte Rezept, das so oder ähnlich in der ganzen Türkei zubereitet wird, ist eine Kombination beider Versionen.

350 g Auberginen, Salz
800 g Hackfleisch vom Rind
frisch gemahlener schwarzer Pfeffer
frisch geriebene Muskatnuß
edelsüßes Paprikapulver
1 EL gehackte glatte Petersilie
1 EL gehackte Minze
300 g Tomaten
450 g festkochende Kartoffeln
Öl zum Ausbacken
4 EL Olivenöl zum Beträufeln
1/4 l Gemüsefond
Außerdem:
Öl für die Form
1 EL gehackte Minze
150 g Joghurt (3,5 % Fett)

Von den Auberginen die Stielansätze entfernen und das Fruchtfleisch in 1,5 cm dicke Scheiben schneiden. Die Auberginenscheiben auf beiden Seiten salzen, 1/2 Stunde stehen lassen und das ausgetretene Wasser gut mit Küchenpapier abtupfen. Das Hackfleisch mit Salz, Pfeffer, Muskatnuß, Paprikapulver, Petersilie und Minze in einer Schüssel gut miteinander verkneten. Aus dem Fleischteig 27 kleine, flache Plätzchen von etwa 6 cm Durchmesser formen. Von den Tomaten die Stielansätze entfernen und das Fruchtfleisch quer in 1,5 cm dicke Scheiben schneiden. Die Kartoffeln waschen, schälen und in 5 mm dicke Scheiben schneiden. Das Öl in einer Pfanne erhitzen und nacheinander die Kartoffel- und die Auberginenscheiben darin goldgelb ausbacken. Auf Küchenpapier gut abtropfen lassen. Eine entsprechend große Form mit Öl ausfetten. Die Zutaten in die Form schichten , wie gezeigt. Die Form aus dem Ofen nehmen und das Gericht mit der Minze bestreuen. Den Joghurt darüber verteilen und nochmals 5 Minuten in den Ofen schieben.

Die Fleischplätzchen immer abwechselnd mit Tomaten-, Kartoffeln- und Auberginenscheiben stehend einschichten.

Salzen, mit Öl beträufeln und mit Gemüsefond begießen. Das Gericht bei 190 °C im vorgeheizten Ofen 25 Minuten garen.

Hühnerragout, zwischen Teigblättern gebacken

EIN DELIKATES GERICHT, DAS DIE KUNST DES WÜRZENS DER MAROKKANER BESTENS ZUM AUSDRUCK BRINGT.

Das Hühnerfleisch wird hier einerseits mit einer würzigen Mischung namens »chermoula« höchst pikant gewürzt. Zu ihr gehört auch das von unserem Gaumen nicht immer geliebte Koriandergrün und eine entsprechende, durch edelsüßes Paprikapulver und Chilipfeffer erzeugte Schärfe. Chermoula wird meist für Fisch verwendet, doch sie paßt auch zu Fleisch, vor allem Geflügel. Andererseits wird dieses Hühnerragout mit Zimt und Zucker gewürzt – und so ungewöhnlich dies klingt, das Gesamtergebnis ist höchst delikat. Gebacken wird das Ragout zwischen Teigblättern, wie es die Warkha-Blätter in Marokko und dem übrigen Nordafrika sind. Sie werden hauchdünn auf einer mit Holzkohle beheizten Metallplatte gebacken. Der Frühlingsrollenteig in China wird übrigens nach der gleichen Methode gebacken. Bei uns sind diese Warkha-Blätter vorgefertigt in Spezialgeschäften erhältlich, und wer sie nicht bekommt, kann sich mit dem hauchdünnen Filoteig aus Griechenland oder der Türkei behelfen.

Der ausgeprägte Duft von Zimt, Safran und Koriandergrün, der diesem Gericht entströmt, vermittelt einen Hauch von Afrika.

Hauchdünne Teigblätter von einmalig knuspriger Konsistenz geben dem Gericht die besondere Note. Traditionell werden sie aus Weizenmehl, Salz, Wasser und Öl auf einem runden Blech – dem T'bsil – über Holzkohlenglut gebacken.

Für das Hühnerragout:
1 Huhn (etwa 1 kg)
200 g Zucchini, 150 g hellgelbe Spitzpaprika
Für die Chermoula:
150 g Gemüsezwiebeln, fein gehackt, 1 TL Salz
1 EL frisch gemahlener schwarzer Pfeffer
2 Döschen Safranpulver, 2 EL gehackte Petersilie
1 EL frisch gehacktes Koriandergrün
4 EL Olivenöl, 1/8 l Geflügelfond
Außerdem:
8 Warkha-Teigblätter (24 cm Durchmesser)
je 2 TL Zucker und gemahlener Zimt, vermischt
1 TL Pflanzenöl
1 TL gehacktes Koriandergrün zum Bestreuen

Die Hälfte der Zucker-Zimt-Mischung auf die ersten 2 Teigblätter streuen. 2 weitere Teigblätter auflegen.

Das Huhn waschen, trockentupfen, entbeinen und häuten. Das Fleisch in mundgerechte Stücke schneiden und in eine Schüssel geben. Für die Chermoula alle Zutaten miteinander verrühren und unter das Fleisch mischen. Zudecken und das Fleisch 3 Stunden im Kühlschrank marinieren lassen. Die Zucchini und Paprikaschoten putzen und klein würfeln. Das Fleisch mit der Marinade in einen Topf füllen, das Gemüse untermischen und 10 Minuten köcheln lassen. Eine runde Auflaufform (oder eine spezielle Form, die Tajine) mit 2 Teigblättern auslegen. Weiterverfahren, wie gezeigt. Bei 180 °C im vorgeheizten Ofen 20 Minuten backen. Mit Koriandergrün bestreuen.

Die Hälfte des Hühnerragouts darauf verteilen. Mit 2 Teigblättern abdecken, das restliche Hühnerragout einfüllen.

Mit 2 Teigblättern abdecken, andrücken, die Ränder gerade schneiden. Mit der restlichen Zimtmischung bestreuen. Mit Öl beträufeln.

Soufflé in der Languste

DER PANZER DER LANGUSTE DIENT ALS NATÜRLICHES BEHÄLTNIS, UM DAS GERICHT IM OFEN ZU GAREN.

Ein ausgefallenes Gericht, das nach asiatischen Zutaten verlangt. Die Soufflémasse wird mit Dashi, einer feinen, fast klaren Brühe aus Seetang, zubereitet. Seine besondere Würzung erhält das Soufflé durch das Kraut Vap ca (*Houttuynia cordata*), das einen zitronenartigen Duft verströmt.

1 Languste (etwa 1,7 kg)
Für die Dashi-Brühe:
5 g Kombu (Seetang), 1/4 l Wasser, 5 g Bonitoflocken
Für die Soufflémasse:
30 g Frühlingszwiebel, 1/2 Knoblauchzehe
2 EL Pflanzenöl, 20 g Reismehl
2 Eigelbe, 1 EL Mirin, Salz, frisch gemahlener Pfeffer
1 Spritzer Limettensaft, 2 Eiweiße
Für das Gemüse:
150 g weißer Spargel, 70 g Möhren
50 g frische Shiitake-Pilze
1 EL gehackte japanische Steinpetersilie
Außerdem:
1 EL Vap ca, in feinen Streifen, Öl für die Form

Die Languste kopfüber in sprudelnd kochendes Salzwasser einlegen und nach 3 Minuten wieder herausnehmen. Das Schwanzfleisch auslösen, wie gezeigt. Den Panzer unter fließendem kalten Wasser auswaschen, trockentupfen und in eine geölte feuerfeste Form legen. Das Schwanzfleisch in etwa 2 cm große Stücke schneiden und kühl stellen. Für die Dashi-Brühe von dem Kombu den weißen Puder mit einem feuchten Tuch entfernen. Den Kombu in einem Topf mit dem Wasser bedecken und bei geringer Hitze in 10 bis 15 Minuten zum Kochen bringen. Wenn Blasen aufsteigen, mit dem Fingernagel prüfen, ob der Tang weich ist. Bei Bedarf noch 1 bis 2 Minuten ziehen lassen. Den Tang herausnehmen. Die Flüssigkeit mit 30 ml kaltem Wasser abkühlen. Die Bonitoflocken zugeben. Sobald die Brühe wieder kocht, den Topf vom Herd nehmen und die Fischflocken auf den Topfboden sinken lassen. Die Brühe durch ein feines Haarsieb gießen und 1/8 l Dashi abmessen. Für die Soufflémasse die Frühlingszwiebel putzen und in feine Ringe schneiden, den Knoblauch schälen und sehr fein hacken. Das Öl erhitzen und beide darin glasig anschwitzen. Das Reismehl einrühren, mit der Dashi-Brühe aufgießen, gut durchrühren und 5 Minuten köcheln lassen, dabei ständig rühren. In eine Schüssel umfüllen. Die Eigelbe nacheinander einrühren. Mit Mirin, Salz, Pfeffer und Limettensaft würzen. Für das Gemüse den Spargel und die Möhren schälen. Die Spargelstangen in 3 cm lange Stücke, die Möhren der Länge nach in 2 mm dünne Scheiben und diese in 4 cm lange Stifte schneiden. Von den Pilzen die harten Stiele abschneiden und die Hüte in feine Streifen schneiden. Spargel und Möhren 8 Minuten in sprudelndem Salzwasser kochen. Die Pilze in der letzten Minute zugeben. Das Gemüse herausnehmen, abtropfen und abkühlen lassen. Die Eiweiße mit 1 Prise Salz steif schlagen. Das abgekühlte Gemüse und die Steinpetersilie unter die Soufflémasse rühren. Den Eischnee unterheben. Das Langustenfleisch vorsichtig untermischen. Die Masse in die Langustenhälften füllen. Bei 180 °C im vorgeheizten Ofen 20 Minuten backen. Mit den Vap-ca-Streifen bestreuen, sofort servieren.

Am Kopfteil festhalten, zwischen Kopf- und Schwanzteil einstechen und samt Schwanzfächer längs ganz durchschneiden. Die Languste um 180 Grad drehen und erneut senkrecht bis unten in die Panzermitte einstechen.

Zum Kopf hin der Länge nach halbieren und zwischen den Augen und den Stirnhörnern durchschneiden. Den Magensack und den Darm entfernen. Das Schwanzfleisch mit einem Löffel unversehrt herauslösen.

Gratinierte Yabbies im Spaghettiring

DER ZARTE SCHMELZ UND DER EIGENGESCHMACK DES PARMESANS VERBINDEN SICH BESTENS MIT PASTA UND KRUSTENTIEREN.

In Australien werden die Kleinen Australkrebse, auch Yabbies genannt, stark befischt: Dort hat sich die Fischerei auf diese Tiere zu einer Art Volkssport entwickelt, denn ihr Fleisch ist sehr schmackhaft. Auch auf dem europäischen Markt gewinnen die Yabbies oder auch der Marron – der Große Australkrebs – zunehmend an Bedeutung. Beide taugen für dieses Gericht und bieten beste Fleischqualität.

20 Yabbies (je etwa 90 g), Fleischanteil etwa 400 g
400 g Tomaten, 50 g Zwiebel
1 Knoblauchzehe, 1 EL Olivenöl
Salz, frisch gemahlener Pfeffer
1 EL Basilikum, in Streifen, 120 g Capellini
Für die Sauce:
20 g Schalotte, 100 ml Weißwein
2 cl Noilly Prat, 400 ml Fischfond
1/4 l Sahne, 20 g Butter, in Stücken
Salz, Cayennepfeffer, einige Tropfen Zitronensaft
Außerdem:
15 g geriebener Parmesan
20 g Butter, in Flöckchen

1. Die Yabbies nacheinander in sprudelnd kochendes Wasser geben und 5 Minuten kochen, dabei darauf achten, daß das Wasser wieder sprudelt, bevor der nächste Krebs eingelegt wird. Herausnehmen und abkühlen lassen. Die gekochten Yabbies ausbrechen. Dafür den Krebsschwanz mit einer drehenden Bewegung vom Körper abziehen. Den Schwanzfächer mit Daumen und Zeigefinger greifen, vom Körper abdrehen und den anhängenden Darm vorsichtig herausziehen. Den Panzer mit Daumen und Zeigefinger so aufbiegen, daß die Unterseite zerreißt und das Schwanzfleisch herausfällt. Die ausgelösten Krebsschwänze der Länge nach halbieren. Mit Daumen und Zeigefinger die Scheren vom Brustpanzer abdrehen. Das Fleisch der Scheren ebenfalls auslösen.

2. Die Tomaten blanchieren, häuten, Samen und Stielansatz entfernen und das Fruchtfleisch würfeln. Zwiebel und Knoblauch schälen und fein hacken. Das Öl in einer Pfanne erhitzen und Zwiebel- und Knoblauchwürfel darin hell anschwitzen. Die Tomaten etwa 1 Minute mitbraten. Salzen, pfeffern und das Basilikum einstreuen.

3. Die Nudeln in sprudelnd kochendem Salzwasser al dente kochen, abseihen und kalt abbrausen.

4. Für die Sauce die Schalotte schälen, in Scheibchen schneiden und in einen Topf geben. Den Wein und den Noilly Prat zugießen, aufkochen und den Fond zufügen. Bei mittlerer Hitze auf 1/3 reduzieren. Die Sahne darin aufkochen, die Hitze reduzieren und so lange weiterkochen, bis die Sauce sämig ist und die gewünschte Konsistenz hat. Die Sauce durch ein Sieb passieren. Die Butterstücke einrühren, mit dem Stabmixer aufmontieren und abschmecken.

5. Das Krebsfleisch zu den Tomaten geben und kurz erwärmen. Die Nudeln ringförmig in Suppenteller legen und die Tomaten mit den Krebsen in die Mitten verteilen. Mit der Sauce begießen und mit dem Parmesan bestreuen. Die Butterflöckchen darauflegen. Bei 200 °C im vorgeheizten Ofen auf der mittleren Schiene 5 Minuten überbacken. Zum Schluß noch 2 Minuten unter dem vorgeheizten Grill gratinieren.

SOUTH EASTERN AUS
1994
Barrie
Reef
DRY WHITE W

Gratin von Gemfish und Zucchini

DER FISCH IST AUSTRALISCH, DIE ÜBRIGEN ZUTATEN SIND INTERNATIONAL.

Die Küche Australiens ist weniger von einer eigenen Tradition geprägt als vielmehr von den mannigfaltigen Einflüssen, die mit den Einwanderern in das »land down under« kamen. Bestes Beispiel ist dieses Gratin von Gemfish, dem australischen Kingfish, das seine europäischen und asiatischen Anteile nicht verleugnen kann. Sollte Gemfish am Markt nicht erhältlich sein, läßt sich das Gericht ebensogut mit Schwertfisch zubereiten. Die gelbschaligen Zucchini, die hier zusätzlich zu den allgemein bekannten grünen Sorten verwendet werden, sind im englischen Sprachraum unter dem Namen »goldrush« bekannt. Das unter ihrer attraktiven Schale verborgene Fruchtfleisch ist jedoch auch weiß bis hellgrün. Für die Kruste muß es nicht unbedingt Parmesan sein. Auch andere Hartkäse oder sogar verschiedene Schnittkäsesorten, wie etwa die in Australien produzierten Cheddar-Typen, eignen sich für dieses Gericht.

Optisch reizvoll ist die knusprige Schicht aus Scheiben grüner und gelber Zucchini, unter der sich das schmackhafte Fischragout verbirgt.

Für die Fischmischung:
800 g Gemfish, ohne Haut
100 g Zwiebeln
1 Knoblauchzehe
1 rote Chilischote
180 g rote Paprikaschoten
2 EL Pflanzenöl
1 TL Salz
frisch gemahlener schwarzer Pfeffer
2 EL helle Sojasauce
1 EL gehackte Petersilie
1/4 l Fischfond

Für Belag und Kruste:
250 g gelbe Zucchini
250 g grüne Zucchini, 30 g Semmelbrösel
20 g frisch geriebener Parmesan
1 EL gehackte Petersilie
20 g Butter, in Flöckchen

1. Den Gemfish in etwa 2 cm große Würfel schneiden und bis zur Weiterverarbeitung in den Kühlschrank stellen.

2. Die Zwiebeln und den Knoblauch schälen und fein hacken. Die Chilischote aufschneiden, Samen

und Scheidewände entfernen und das Fruchtfleisch fein würfeln. Die Paprikaschote halbieren, Samen und Scheidewände entfernen und das Fruchtfleisch in 5 mm große Würfel schneiden.

3. Das Öl in einer Pfanne erhitzen und die Zwiebel-, Knoblauch- und Chiliwürfel darin glasig anschwitzen. Die Paprikawürfel zugeben und 3 Minuten mitbraten. Die Fischwürfel vorsichtig unter die Paprikawürfel mischen und 1 weitere Minute mitbraten. Die Mischung mit dem Salz, dem Pfeffer, der Sojasauce und der Petersilie würzen. Den Fischfond angießen und 1 Minute köcheln lassen. Die Fischmischung in eine feuerfeste Form füllen.

4. Die Zucchini waschen, Blüten- und Stielansätze entfernen und das Fruchtfleisch quer in 2 mm dünne Scheiben schneiden. Abwechselnd die grünen und gelben Zucchinischeiben dachziegelartig auf der Fischmischung anordnen.

5. Die Semmelbrösel, den geriebenen Käse und die Petersilie miteinander vermischen und auf die Zucchinischeiben streuen. Die Oberfläche mit Butterflöckchen belegen und bei 200 °C im vorgeheizten Ofen 20 Minuten überbacken.

Die Rotweine Australiens sind teilweise von bester Qualität, und für die geschmorten Ochsenbacken sollte man natürlich auch einen »echten Australier« verwenden. Ein nicht zu junger Shiraz oder Cabernet Sauvignon ist für dieses Rezept gerade gut genug und sollte auch zum Essen serviert werden.

Ochsenbacke unter der Kartoffelkruste

EIN GERICHT FÜR DIE LIEBHABER VON DEFTIGEN RINDFLEISCHGERICHTEN.

Ochsenbacken sind ein klassisches Schmorgericht, denn sie brauchen viel Zeit, um zart zu werden. Das Warten lohnt sich aber, denn ihr Geschmack ist unvergleichlich.

1,4 kg Ochsenbacken (2 bis 3 Stück, je nach Größe)
1 TL Salz, frisch gemahlener weißer Pfeffer
20 g Mehl, 400 g Zwiebeln, 100 g Stangensellerie
80 g Möhren, 1 1/2 EL Sonnenblumenöl
20 g Butter, 1 EL Tomatenmark
1/2 l Rotwein (Shiraz oder Cabernet Sauvignon)
Für das Gemüsebouquet:
1 Stück Lauch, 1 Bund Petersilienstiele
1 Thymianzweig
Für die Kartoffelkruste:
700 g mehligkochende Kartoffeln, Salz
100 ml Sahne, 2 Eier, frisch gemahlener Pfeffer
20 g Butter, in Flöckchen
Außerdem:
1 TL gehackte Petersilie

Die Ochsenbacken sehr sorgfältig von den äußeren Häuten befreien, salzen, pfeffern und leicht mit Mehl bestauben. Die Zwiebeln schälen und fein hacken. Den Sellerie und die Möhren putzen und grob zerkleinern. 1 EL Öl in einer Kasserolle erhitzen und die Ochsenbacken darin von allen Seiten anbraten. Das Öl abgießen. Die Butter in der Kasserolle zerlassen und das Gemüse darin kurz mitanbraten. Das restliche Öl separat erhitzen, das Tomatenmark darin kurz anschwitzen und über die Ochsenbacken geben. Die Kasserolle in den auf 190 °C vorgeheizten Ofen stellen. Nacheinander je 1/3 des Weins aufgießen und aufkochen lassen. Wasser, je nach gewünschter Konsistenz der Sauce, in kleinen Portionen zugießen. Das Gemüsebouquet einlegen und das Fleisch in 3 Stunden offen gar schmoren. Das Fleisch ausstechen, das heißt mit der Fleischgabel aus der Sauce heben. Die Sauce passieren und abschmecken. Kurz vor Ende der Garzeit die Kartoffeln schälen, vierteln, in einem Topf mit kaltem Wasser bedecken, salzen und 25 Minuten kochen. Das leicht ausgekühlte Fleisch in etwa 1 cm dicke Scheiben schneiden, in eine Auflaufform schichten und mit der Sauce begießen. Die Kartoffeln abgießen und weiterverfahren, wie gezeigt. Sahne, Eier, Salz und Pfeffer verquirlen und über die Kartoffeln gießen. Das fertige Gericht mit Petersilie bestreuen und in der Form servieren.

Die gegarten Kartoffeln in eine Kartoffelpresse füllen und über das Fleisch in der Form drücken, der Kartoffelschnee sollte gleichmäßig darüber verteilt sein.

Die gewürzte Eier-Sahne-Mischung über die Kartoffeln verteilen. Mit Butterflöckchen besetzen und bei 220 °C im vorgeheizten Ofen etwa 35 Minuten überbacken.

Potato Pie

UNTER DER KARTOFFELKRUSTE VERBIRGT SICH EINE FEIN ABGESCHMECKTE LACHSFÜLLUNG.

Bester Lachs wird vor der rauhen, zerklüfteten Küste British Columbias gefangen. Zum Verkauf kommt er dann überwiegend in Seattle, etwa auf den bald 100jährigen Pike Place Market.

1 kg festkochende Kartoffeln
100 g Zwiebeln
3 Knoblauchzehen
40 g Butter
400 g Lachsfilet
150 g frisch geriebener Emmentaler
60 g frisch geriebener Parmesan
1/2 Bund Dill, fein geschnitten
Salz, frisch gemahlener Pfeffer
60 ml Sahne
Außerdem:
Butter für die Form
1 TL gehackter Dill zum Bestreuen

Die Qualität des Lachses ist an den unbeschädigten Schuppen, seinem druckfesten Fleisch sowie seinem silbrigen Glanz zu erkennen.

Die Kartoffeln waschen, schälen, in 1,5 mm dicke Scheiben schneiden und in kaltes Wasser legen. Die Zwiebeln und die Knoblauchzehen schälen und fein hacken. 10 g Butter in einer Kasserolle zerlassen, die Zwiebel- und Knoblauchwürfel darin glasig anschwitzen und beiseite stellen. Das Lachsfilet in 5 mm dicke Scheiben schneiden. Die Käsesorten miteinander vermischen. Eine Pie-Form von 26 cm Durchmesser mit Butter ausfetten. Die Kartoffeln aus dem Wasser nehmen und auf Küchenpapier gut abtropfen lassen. Den Boden der Form mit einer Schicht Kartoffelscheiben auslegen, dafür die einzelnen Scheiben dach-

Die Hälfte der Lachsstreifen auf die Kartoffelscheiben legen. Je die Hälfte der Zwiebel-Knoblauch-Mischung und des Dills daraufstreuen.

ziegelartig überlappend von außen nach innen in Kreisen legen. Weiterverfahren, wie in der Bildfolge rechts gezeigt. Dafür die restliche Butter in einer kleinen Pfanne zerlassen. Die fertig gefüllte Form mit Alufolie abdecken und den Pie bei 200 °C im vorgeheizten Ofen etwa 50 Minuten backen. Nach 30 Minuten die Folie abnehmen und weiterbacken, bis die Kartoffeln gar sind und die Oberfläche schön goldgelb geworden ist. Aus dem Ofen nehmen und mit Dill bestreuen.

Salzen, pfeffern. Mit der Hälfte des Käses bestreuen. Mit einer Schicht Kartoffelscheiben belegen. Den Vorgang wiederholen.

Mit Kartoffelscheiben dekorativ abdecken, die Sahne darübergießen und die restliche zerlassene Butter darüber verstreichen.

Mit den scharfen Chilischoten aus den Anbaugebieten in Louisiana werden die Kartoffelscheiben gewürzt. Wenn keine frischen Schoten zur Verfügung stehen, kann man statt dessen mit einem halben Teelöffel Tabasco würzen, da es ohnehin aus den gleichen Schoten produziert wird.

Potatoes with peppers

EIN SCHARFES UND SAFTIGES KARTOFFELGRATIN, MIT VIEL AROMA VON DEN PAPRIKASCHOTEN.

Ein Kartoffelgratin von ganz besonderer Art. Die untere Schicht bilden die fast weich geschmorten Paprikaschoten mit ihrem angenehm milden Aroma. Darauf kommen die ebenfalls vorgegarten und mit den scharfen Chilischoten gewürzten Kartoffelscheiben. Die Käsekruste rundet das Ganze hervorragend ab.

800 g rote Paprikaschoten
60 g Zwiebel
1 Knoblauchzehe
100 g geräucherter Schweinebauch
800 g fest kochende Kartoffeln
2 rote Chilischoten
1 EL Öl
1/8 l Tomatensaft
200 ml Milch
200 ml Sahne
1 TL Salz
1 TL gehackter grüner Pfeffer
50 g frisch geriebener Parmesan
30 g Butter, in Flöckchen
Außerdem:
Butter für die Form
1 EL gehackte Kräuter (Petersilie, Basilikum)

Die Paprikaschoten häuten. Dafür die Schoten bei 220 °C im vorgeheizten Ofen backen, bis die Haut »Blasen wirft«, unter ein feuchtes Tuch oder in eine Plastiktüte legen und »schwitzen« lassen. Die Haut abziehen, die Schoten halbieren, Samen und Scheidewände entfernen und das Fruchtfleisch in etwa 1 cm große Quadrate schneiden. Die Zwiebel und den Knoblauch schälen und fein hacken. Den Schweinebauch klein würfeln. Die Kartoffeln schälen und in etwa 3 mm dicke Scheiben schneiden. Die Chilischoten halbieren, die Samen entfernen und das Fruchtfleisch in feine Streifen schneiden. Eine feuerfeste Form mit Butter ausfetten. Das Öl in einer Pfanne erhitzen und den Schweinebauch darin braten, Zwiebel- und Knoblauchwürfel kurz mitbraten. Weiterverfahren, wie in der Bildfolge beschrieben. Das Gratin mit dem geriebenen Parmesan bestreuen und mit Butterflöckchen belegen. Bei 200 °C im vorgeheizten Ofen 30 Minuten überbacken. Mit Petersilie und Basilikum bestreuen und servieren.

Die Paprikawürfel zu dem Fleisch geben, den Tomatensaft zugießen und bei geringer Hitze 10 bis 15 Minuten schmoren.

Separat die Kartoffelscheiben mit der Milch und der Sahne aufkochen und etwa 15 Minuten köcheln lassen. Würzen.

Erst die Fleisch-Paprikamischung, dann die Kartoffeln mit ihrer Flüssigkeit in die Auflaufform füllen.

Den Eischnee vorsichtig unter die Creme heben. Die geschlagene Sahne unterziehen und die Masse auf den Früchten verteilen.

Soufflé über tropischen Früchten

EIN DESSERT, DAS VON DEN ZUTATEN HER EIN SOUFFLÉ IST UND DOCH WIE EIN GRATIN ANMUTET.

Am besten ist das Obst natürlich dort, wo es heimisch ist, doch auch bei uns gibt es mittlerweile eine große Auswahl an exotischen Früchten: Papayas, Mangos, Tamarillos, Physalis, Rambutan oder Kiwis. Diese Früchte werden unter einer zarten Souffléhaube gebacken und mit einer feinen Sauce aus Tamarillos serviert.

500 g reife tropische Früchte, nach Belieben
2 cl brauner Rum, 2 EL brauner Zucker
Für die Tamarillosauce:
3 Tamarillos
Saft von 1 Orange, Saft von 1 Limette
1 Messerspitze gemahlener Zimt, 80 g Zucker
Für die Soufflémasse:
300 ml Milch, 80 g Zucker, 1/2 Vanilleschote
4 Eigelbe, 20 g Mehl, 100 ml Sahne, 4 Eiweiße
Außerdem
40 g gehobelte Mandeln zum Bestreuen
Puderzucker zum Besieben

1. Für die Sauce die Tamarillos schälen und das Fruchtfleisch in einen Mixer geben. Den Orangen- und Limettensaft zugießen und alles fein pürieren. Durch ein feines Sieb in einen Topf pas-

Mango, Kiwi, Tamarillo – den Kombinationsmöglichkeiten sind keine Grenzen gesetzt. Die kräftigen Farben der exotischen Früchte bringen auch optische Abwechslung auf den Tisch.

sieren. Mit Zimt und Zucker verrühren und zum Kochen bringen. Die Hitze reduzieren und 2 bis 3 Minuten köcheln lassen. Abkühlen lassen. Die Sauce kann nach Wunsch mit Rotwein oder Orangensaft verlängert werden.

2. Die Früchte schälen, in mundgerechte Stücke schneiden und in 4 Gratinpfännchen verteilen. Mit Rum beträufeln, mit dem braunen Zucker bestreuen, abgedeckt 1 Stunde durchziehen lassen.

3. Die Milch mit der Hälfte des Zuckers und der längs aufgeschnittenen Vanilleschote in einem Topf aufkochen. Die Eigelbe mit dem Mehl und 2 EL der heißen Milch verrühren und die kochende Milch unter kräftigem Rühren damit binden. Vom Herd nehmen, die Vanilleschote entfernen und die Creme auskühlen lassen. Dabei mehrmals durchrühren, damit sich keine Haut bildet.

4. Die Sahne steif schlagen. Die Eiweiße zu steifem Schnee schlagen, dabei den restlichen Zucker einrieseln lassen. Weiterverfahren, wie links gezeigt. Das Soufflé mit den Mandeln bestreuen.

5. Die Pfännchen bei 200 °C in den vorgeheizten Ofen stellen und die Soufflémasse in 10 Minuten hellbraun backen. Aus dem Ofen nehmen, mit Puderzucker besieben und sofort servieren. Die Tamarillosauce separat dazu reichen.

Spoon bread

»LÖFFELBROT« LAUTET DIE ÜBERSETZUNG DIESES REZEPTS AUS SOUTH CAROLINA.

Das Löffelbrot ist ein souffléartiger süßer Auflauf, der im Inneren noch feucht sein sollte. Charakteristisch ist die Verwendung von Maismehl, das bereits zu den Zeiten, als der amerikanische Süden noch von den Indianern besiedelt war, zu den wichtigsten Grundnahrungsmitteln zählte. Feigenkompott ist eine perfekte Ergänzung.

Für das Feigenkompott:
500 g Feigen, 1/4 l Weißwein
Saft von 1/2 Zitrone, Saft von 1 Orange, 100 g Zucker
Für das Löffelbrot:
290 ml Sahne, 290 ml Milch
60 g Butter, 60 g Honig
1/2 TL Salz, 150 g Maismehl, 6 Eigelbe
1 TL Backpulver, 4 Eiweiße, 50 g Zucker
Außerdem:
Butter für die Form
1/8 l Sahne, Mark von 1/4 Vanilleschote, 20 g Zucker
Puderzucker zum Bestauben

1. Für das Kompott die Feigen schälen und längs halbieren. Den Wein mit dem Zitronen- und Orangensaft und dem Zucker etwa 3 Minuten sprudelnd kochen. Die Feigenhälften in den Sud legen und 2 Minuten ziehen lassen.

Mit Löffeln wird das weiche »Brot« direkt aus der Form verzehrt. Spoon bread kann auch in Portionsförmchen gebacken werden.

2. Für das Löffelbrot Sahne, Milch, Butter, Honig und Salz in einem Topf verrühren. Bei geringer Hitze erwärmen, bis die Butter schmilzt. Nach und nach das Maismehl unterarbeiten und unter ständigem Rühren bei geringer Hitze etwa 20 Minuten quellen lassen.

3. Den Teig in eine Schüssel umfüllen. Die Eigelbe einzeln unterrühren. Das Backpulver einrühren. Die Eiweiße steif schlagen, dabei den Zucker langsam einrieseln lassen. Den Eischnee unter die Masse heben.

4. Eine Pieform von etwa 26 cm Durchmesser mit Butter ausfetten und die Masse einfüllen. Das Löffelbrot bei 190 °C im vorgeheizten Ofen 35 Minuten backen.

5. Die Sahne mit dem ausgeschabten Vanillemark und dem Zucker halbsteif schlagen. Die halbierten Feigen in Portionsschälchen anrichten und mit der geschlagenen Sahne garnieren. Den Auflauf aus dem Ofen nehmen und mit Puderzucker bestauben. Sofort servieren. Das Feigenkompott getrennt dazu reichen.

Gebackene Bohnen

»BAKED BEANS«, DAS BELIEBTE BOHNENGERICHT AUS DEN VEREINIGTEN STAATEN AMERIKAS, GIBT ES IN UNZÄHLIGEN VARIANTEN.

Ein nahrhaftes, preiswertes Essen, das zum Alltag der amerikanischen Küche gehört. Durch ihren hohen Eiweißgehalt tragen Bohnen zu einer gesunden Ernährung bei. Mit Käse überzogen sind diese gebackenen, süßlich schmeckenden Kidneybohnen eine vollständige Mahlzeit, zu der frisches Weißbrot gut paßt. Dieses Gericht kann auch mit Fleisch zubereitet werden, etwa im Verhältnis 2/3 Bohnen zu 1/3 Fleisch.

400 g getrocknete Kidneybohnen
80 g roher durchwachsener Speck
120 g Zwiebeln
1 Knoblauchzehe
1 scharfe grüne Peperoni
100 g ganz milde Peperoni
1 EL Pflanzenöl
2 EL gehacktes Koriandergrün
80 ml Gemüsefond
Salz, Cayennepfeffer
120 g frisch geriebener Gouda

1. Die Bohnen in einer Schüssel mit kaltem Wasser bedecken und über Nacht einweichen. Die Bohnen am nächsten Tag abgießen, in einen Topf füllen und mit frischem Wasser bedecken. Zum Kochen bringen, die Hitze reduzieren und etwa 1 1/2 Stunden kochen, bis sie weich sind. Das Wasser vollständig abgießen.

2. Den Speck in kleine Würfel schneiden. Die Zwiebeln und den Knoblauch schälen und fein hacken. Die Peperoni halbieren, Scheidewände und Samen entfernen und das Fruchtfleisch in feine Würfel schneiden.

3. Das Öl in einer Pfanne erhitzen und den Speck darin knusprig braten. Die Zwiebel- und Knoblauchwürfel 1 Minute mitbraten. Die Peperonistückchen zufügen und durchschwenken. Die Bohnen und das Koriandergrün einrühren, den Fond aufgießen und mit Salz und Cayennepfeffer würzen. 5 Minuten köcheln lassen.

4. Die Pfanne von der Kochstelle nehmen und 2/3 vom Käse unter die Bohnen mischen. Die Bohnen in eine feuerfeste Form füllen und mit dem restlichen Käse bestreuen. Bei 200 °C im vorgeheizten Ofen 15 Minuten überbacken.

Bohnen und Beef – das ist eine deftige Variante, wenn man auf Fleisch nicht verzichten möchte. Dafür eignen sich besonders Fleischteile, die beim Zuschneiden von Steaks oder Filets (Filetspitzen) anfallen. Diese wertvollen Teile werden durch den Fleischwolf gedreht, mit gehackten Zwiebeln kurz angeröstet und unter die Bohnen gemischt.

Gratin de gombo

DAS OKRAGRATIN IST EIN GANZ TYPISCHES GERICHT VON DEN ANTILLEN – ZWAR EUROPÄISCH, ABER MIT DEUTLICH AFRIKANISCHEM EINSCHLAG.

Der Einfluß aus den Küchen mehrerer Kontinente macht sich schon bei den Zutaten bemerkbar: auf der einen Seite die Gemüsearten der Neuen Welt und Afrikas und auf der anderen Seite aus Frankreich importierter Käse. Gerade diese Mischung macht viele Gerichte der Region so interessant.

Für die Sauce:
20 g Butter, 15 g Mehl, 1/4 l Milch
Salz, frisch gemahlener Pfeffer
frisch geriebene Muskatnuß
1 Eigelb
50 ml Sahne
50 g frisch geriebener Comté oder Gruyère
1 EL geschlagene Sahne

Okra oder »gombo«, wie diese Frucht im Französischen genannt wird, haben die afrikanischen Sklaven auf die Inseln gebracht, und seither gehört sie in Mittel- und Südamerika zu den wichtigsten Gemüsearten.

Markt in St.-Pierre am Fuße des Vulkans Montagne Pelée, wo man sich täglich mit frischem Gemüse eindecken kann – allerdings nur mit dem, was eben gerade angeboten wird, und danach muß man seinen Speisezettel dann richten. Aber Frische ist garantiert, denn es ist immer die Ernte vom selben Tag.

Für das Gemüse:
100 g Zwiebeln
2 Knoblauchzehen
50 g rohgeräucherter durchwachsener Speck
1/2 kleine Lampion-Chilischote
600 g Okra, Salz
250 g grüne Paprikaschoten
400 g Tomaten
2 EL Pflanzenöl, Salz
Außerdem:
kleine Blättchen von Zitronenbasilikum

1. Für die Sauce die Butter in einem Topf zerlassen und das Mehl darin unter Rühren in 1 bis 2 Minuten hell anschwitzen. Die Milch zugießen und glattrühren. Mit Salz, Pfeffer und Muskat würzen. Etwa 20 Minuten unter ständigem Rühren

kochen. Das Eigelb und die Sahne miteinander verquirlen und die Sauce damit legieren. Unter Rühren einmal kräftig aufkochen. Die Sauce durch ein feines Sieb passieren und den Käse unter Rühren darin schmelzen. Erst dann die geschlagene Sahne unterheben.

2. Die Zwiebeln und die Knoblauchzehen schälen und mit dem Speck fein würfeln. Die Chilischote von Stielansatz und Samen befreien und das Fruchtfleisch fein hacken. Von den Okraschoten die Stiele großzügig abschneiden, das Fruchtfleisch in Stücke schneiden und 3 bis 4 Minuten in Salzwasser kochen. Abseihen und gut abspülen, wenn man verhindern will, daß das Gericht schleimig wird. Die Paprikaschoten halbieren, Samen und Scheidewände entfernen und das Fruchtfleisch in etwa 1,5 cm große Würfel schneiden. Die Tomaten blanchieren, häuten, Samen und Stielansatz entfernen und das Fruchtfleisch in Würfel schneiden.

3. Das Öl in einer entsprechend großen Pfanne erhitzen und den Speck darin kurz braten. Die Zwiebel-, Knoblauch- und Chiliwürfel hell mitanschwitzen. Die Okra- und Paprikastücke etwa 5 Minuten mitdünsten. Mit den Tomaten 1 bis 2 Minuten weiterdünsten und salzen.

4. Die Gemüsemischung in eine große feuerfeste Form füllen, mit der Sauce begießen und bei 200 °C im vorgeheizten Ofen 20 Minuten backen. Mit Zitronenbasilikumblättchen bestreuen.

Riff-Fische, wie es etwa Grunzer- oder Papageienfische sind, gehören in den tropischen Gewässern des Westatlantiks zum täglichen Fang.

Fish Pie mit Kartoffelkruste

SCHARF GEWÜRZT: CHILLIES SIND IN DER KREOLISCHEN KÜCHE DER KARIBIK SEHR BELIEBT.

Lampion-Chillies haben einen dünnfleischigen, fast durchscheinenden Fruchtkörper. Doch Vorsicht, sie sind höllisch scharf.

Für den Fischpie:
1,5 kg Riff-Fische
500 g Kürbis (zum Beispiel Moschuskürbis)
Salz, 500 g festkochende Kartoffeln
80 g Frühlingszwiebeln, 1 Knoblauchzehe
1 kleiner Lampion-Chili, 3 EL Erdnußöl
frisch gemahlener schwarzer Pfeffer
Für den Sahneguß:
100 ml Sahne, 1 Ei
Salz, frisch gemahlener schwarzer Pfeffer
Außerdem:
Erdnußöl für die Form
40 g frisch geriebener Monterey
1 TL Thymianblättchen

1. Die Fische ausnehmen und schuppen. Kopf, Schwanz und Flossen abschneiden. Mit einem scharfen Messer am Rückgrat entlang einschneiden und die Filets vorsichtig von den Gräten abheben. Die restlichen Gräten entfernen. Die Filets mit der Hautseite nach unten auf ein Küchenbrett legen. Mit einem scharfen Messer zwischen Haut und Fleisch ansetzen, die Filets in einem Zug von der Haut lösen und in 2 cm große Stücke schneiden. In den Kühlschrank stellen.

Karibische Riff-Fische sind von bester Qualität – doch nur schwer bei uns erhältlich. In Spezialgeschäften kann man jedoch verschiedene Snapper-Arten bekommen, die hier auch verwendet werden können.

Die Kartoffelwürfel gleichmäßig über die Fisch-Kürbis-Mischung in der Form verteilen.

2. Den Kürbis schälen, das Kerngehäuse entfernen und das Fruchtfleisch in etwa 1,5 cm große Stücke schneiden. In leicht gesalzenem, sprudelnd kochendem Wasser 20 Minuten kochen, mit einem Schaumlöffel aus dem Wasser heben und gut abtropfen lassen.

3. Die Kartoffeln schälen und in 5 mm große Würfel schneiden. In sprudelnd kochendem Salzwasser 10 Minuten kochen, abseihen und abtropfen lassen.

4. Die Frühlingszwiebeln putzen. Den Knoblauch schälen. Von der Chilischote Samen und Scheidewände entfernen. Die Zwiebeln, den Knoblauch und die Chilischote sehr fein hacken. Das Öl in einer Pfanne erhitzen und die Zwiebel-, Knoblauch- und Chiliwürfel darin hell anschwitzen. Die Fischstücke 2 Minuten mitbraten. Salzen und pfeffern. Die Kürbisstücke vorsichtig untermischen. Eine feuerfeste Form mit Öl ausfetten und den Pfanneninhalt einfüllen. Weiterverfahren, wie in dem Bild rechts gezeigt.

5. Die Sahne mit dem Ei in einer Schüssel verquirlen, mit Salz und Pfeffer würzen und über die Kartoffelwürfel gießen. Mit dem geriebenen Käse bestreuen. Bei 200 °C im vorgeheizten Ofen etwa 25 Minuten backen. Mit Thymianblättchen bestreuen und servieren.

Hähnchengratin in der Brotfrucht

EIN GANZ TYPISCHES BEISPIEL EUROPÄISCHER KOCHKUNST IN TROPISCHEN REGIONEN.

Die Brotfrucht ist wahrlich keine Delikatesse, aber richtig zubereitet, möglichst in Kombination mit Fleisch oder Fisch, kann sie zu einer werden. Inzwischen taucht dieses Gemüse ab und zu auch auf unseren Märkten auf, und es lohnt sich durchaus, es zu probieren. Für dieses Rezept bereitet das Aushöhlen der Frucht einige Mühe, weil das Fruchtfleisch in rohem Zustand sehr hart ist. Man kann die Brotfrucht aber auch einfach schälen und das Gericht in einer Gratinform zubereiten.

1 Brotfrucht (etwa 1 kg)
1/2 l Gemüsefond
500 g Hähnchenfleisch, ohne Haut und Knochen
100 g Frühlingszwiebeln, 1 Knoblauchzehe
1 kleiner roter Lampion-Chili
150 g Christophine (Chayote), 2 EL Pflanzenöl
1 TL Speisestärke

Die Brotfrucht ist auf den karibischen Inseln heimisch und für deren Bewohner neben Gemüsebananen »das tägliche Brot«. Im 18. Jahrhundert ernährte dieses wertvolle Nahrungsmittel die afrikanischen Sklaven auf den Zuckerrohrplantagen.

Salz, frisch gemahlener schwarzer Pfeffer
1 Spritzer Limettensaft, 1 EL helle Sojasauce
Außerdem:
40 g frisch geriebener Colby (Cheddar-Variante)
1 TL gehackte glatte Petersilie

1. Die Brotfrucht mit dem Stiel längs halbieren, den Stiel auf 3 cm kürzen. Das Fruchtfleisch herauslösen, dabei einen 1/2 cm breiten Rand stehen lassen. Vom Fruchtfleisch den Stielansatz herausschneiden, dann das Fruchtfleisch grob raspeln. In einen Topf geben, mit 150 ml Gemüsefond aufgießen, zudecken und 5 Minuten kochen.

2. Das Hähnchenfleisch in 1,5 cm große Stücke schneiden. Die Frühlingszwiebeln putzen und in Ringe, den Knoblauch schälen und in Scheiben schneiden. Vom Lampion-Chili den Stielansatz und die Samen entfernen und das Fruchtfleisch in feine Streifen schneiden. Die Christophine schälen, den Kern entfernen, das Fruchtfleisch in 1 cm große Stücke schneiden.

3. Das Öl in einer Pfanne erhitzen und das Hähnchenfleisch darin rundherum anbraten. Die Frühlingszwiebelringe, die Knoblauchscheiben, die Chilistreifen und die Christophinenstücke kurz mitbraten. Mit der Speisestärke bestauben und diese gut unterrühren. Mit 150 ml Gemüsefond aufgießen. Salzen, pfeffern, den Limettensaft und die Sojasauce zugeben und 10 Minuten köcheln lassen. Das Brotfruchtfleisch untermischen.

4. Die Brotfruchthälften in eine feuerfeste Form setzen und mit dem restlichen Gemüsefond umgießen. Die Hähnchen-Gemüse-Mischung in die Brotfruchthälften füllen und mit dem geriebenen Käse bestreuen. Bei 180 °C im vorgeheizten Ofen 20 bis 30 Minuten überbacken. Mit Petersilie bestreuen und servieren.

Gratinierte Gemüsepapayas

DIE EXOTISCHEN FRÜCHTE EINMAL NICHT ZUM ROHESSEN, SONDERN MIT EINER SCHARF GEWÜRZTEN HACKFLEISCHFÜLLUNG GEBACKEN.

Zu uns kommen Papayas meist im ausgereiften Zustand auf den Markt und werden roh als Obst verzehrt. In ihren Heimatländern werden Papayas jedoch auch unreif als Gemüse zubereitet. Dieses Kochgemüse verbirgt unter der dunkelgrünen Schale ein festes weißes Fruchtfleisch.

2 Gemüsepapayas (je etwa 330 g)
Für die Füllung:
80 g Zwiebeln, 1 Knoblauchzehe
2 rote Chilischoten
80 g Stangensellerie mit Grün
30 g Möhren
150 g Zuckerschoten
150 g Cheddar
2 EL Pflanzenöl, 400 g Hackfleisch vom Rind
Salz
1 EL gehackte Kräuter (Petersilie, Thymian)
Außerdem:
400 ml Gemüsefond

Kokosreis paßt ideal zu den Papayas: Dafür Langkornreis kochen und 10 Minuten vor Ende der Garzeit feingeriebene frische Kokosnuß zugeben. Mit Koriandergrün, gehacktem Chili, Kurkuma und schwarzem Pfeffer würzen.

1. Die Gemüsepapayas schälen, der Länge nach halbieren, die Samen entfernen und mit einem Löffel aushöhlen, dabei einen 5 mm breiten Rand stehen lassen. Das Fruchtfleisch in kleine Stücke schneiden.

2. Die Zwiebeln und die Knoblauchzehe schälen und fein hacken. Von den Chilischoten Samen und Scheidewände entfernen und das Fruchtfleisch würfeln. Den Stangensellerie putzen, die Möhren schälen und beides klein würfeln, Selleriegrün beiseite stellen. Die Zuckerschoten putzen, in Rauten von 5 mm Kantenlänge schneiden. Den Käse in 5 mm große Würfel schneiden.

3. Das Öl in einer entsprechend großen Pfanne erhitzen und die Zwiebel-, Knoblauch- und Chiliwürfel darin anschwitzen. Die Sellerie- und Möhrenwürfel 1 bis 2 Minuten mitbraten. Das Hackfleisch zugeben und braten, bis es krümelig zerfällt. Mit dem Salz, der Petersilie und dem Thymian würzen. Die Mischung auskühlen lassen. Die Zuckerschoten, das Papayafruchtfleisch und die Käsewürfel unter die Hackfleischmasse mischen und erneut abschmecken.

4. Die Papayahälften in eine feuerfeste Form legen, 200 ml Fond angießen. Bei 200 °C im vorgeheizten Ofen 10 Minuten vorgaren. Die Form aus dem Ofen nehmen. Die Hackfleisch-Gemüse-Mischung in die Papayahälften füllen und den restlichen Fond angießen. Die Form wieder in den Ofen stellen und weitere 30 bis 40 Minuten garen. Das Selleriegrün in feine Streifen schneiden und auf die gefüllten Papayas streuen.

Die Callaloo-Blätter sind bei uns auf dem Markt kaum zu bekommen. Als hervorragender Ersatz bieten sich Mangoldblätter an.

Lammcurry mit Callaloo

UNTER EINER SCHICHT VON SÜSSKARTOFFELN VERBIRGT SICH EINE SAFTIGE FLEISCH-GEMÜSE-MISCHUNG.

Süßkartoffeln, Callaloo und zum Würzen des Lammfleisches Jamaican curry powder – typische Produkte aus Jamaika werden hier zu einem ebenso ungewöhnlichen wie wohlmundenden Auflauf kombiniert. Um ganz sicher zu gehen, daß das Currypulver die authentische Gewürzmischung ist, stellt man es im Mörser am besten selbst her.

Für das Jamaican curry powder:
1 TL gemahlene Kurkuma
1/4 TL gemahlener Cayennepfeffer
1/4 TL Koriandersamen
1/4 TL Bockshornkleesamen
1/4 TL Kreuzkümmel
5 schwarze Pfefferkörner
1/2 Sternanis, 1/4 TL gelbe Senfkörner
1/4 TL frisch geriebene Muskatnuß
10 Pimentkörner
Für das Lammcurry:
1 kg Lammfleisch aus der Keule, ohne Knochen
2 Knoblauchzehen, 150 g Zwiebeln
1 TL Salz, 4 Zweige Thymian
3 EL Pflanzenöl, 1/2 l Wasser
1 roter Lampion-Chili
200 g grüne Paprikaschote, 100 g Frühlingszwiebeln

Mit Currypulver sind ebenfalls die Süßkartoffeln gewürzt, die den knusprigen Abschluß des Auflaufs bilden.

Callaloo heißt auf Jamaika die Tannia, eine Kulturpflanze, die nur in tropisch-feuchtem Klima gedeiht. Ihre stärkereichen Knollen, aber auch die Blätter und Triebe gehören in den Anbaugebieten zu den wichtigen Grundnahrungsmitteln.

Für den Callaloo:
700 g Callaloo (ersatzweise Mangold)
1 EL Pflanzenöl, Salz
Außerdem:
500 g Süßkartoffeln, Öl für die Form, 1/8 l Sahne

1. Die Zutaten für das Currypulver im Mörser zu einem feinen Pulver verarbeiten. 1 TL davon für die Süßkartoffeln beiseite stellen.

2. Das Fleisch in 1,5 cm große Stücke schneiden. Knoblauch und Zwiebeln schälen, halbieren und die Zwiebeln in Scheiben schneiden. Das Fleisch mit dem Currypulver, dem Knoblauch, den Zwiebeln, dem Salz und dem Thymian in einer Schüssel gut miteinander vermischen und zudecken. Über Nacht im Kühlschrank marinieren.

3. Das Pflanzenöl in einem entsprechend großen Topf erhitzen und die marinierten Lammfleischstücke darin von allen Seiten anbraten. Das Wasser aufgießen. Von der Chilischote Stielansatz und Samen entfernen, das Fruchtfleisch in feine Streifen schneiden und zum Fleisch geben. Den Topf zudecken, die Hitze reduzieren und das Curry 2 Stunden köcheln lassen.

4. Die Paprikaschote halbieren, Scheidewände und Samen entfernen und das Fruchtfleisch in etwa 3 cm große Stücke schneiden. Die Frühlingszwiebeln putzen und in 3 cm lange Stücke schneiden. Die Paprika- und Zwiebelstücke zum Lammfleisch in den Topf geben und die Mischung ohne Deckel weitere 20 Minuten köcheln lassen. Nochmals abschmecken.

5. Vom Callaloo die groben Stiele entfernen, von den feineren die Fäden abziehen. Stiele und Blätter gründlich waschen, die Blätter in etwa 1 cm breite Streifen schneiden. Das Öl erhitzen, den Callaloo zufügen, salzen und 1 Minute dünsten.

6. Die Süßkartoffeln schälen, längs in 1 mm dicke Scheiben, dann in feine Streifen schneiden. In sprudelndem Salzwasser 5 Minuten kochen, abseihen und sehr gut abtropfen lassen. Mit dem zur Seite gestellten Currypulver vermischen.

7. Eine feuerfeste Form ausfetten und das Lammcurry einfüllen. Die Calaloustreifen darauf verteilen. Mit den Kartoffelstreifen gleichmäßig bedecken und mit der Sahne begießen. Bei 200 °C im vorgeheizten Ofen etwa 25 Minuten backen.

Crabes gratinés

KRABBEN UND KREBSE STEHEN IN DER KARIBIK REGELMÄSSIG AUF DEM SPEISEPLAN.

Für dieses Gericht verwendet man im karibischen Raum gern das delikate Fleisch des »cangrejo de la Santa Virgen«, wie die Stachelige Seespinne dort klangvoll genannt wird. Die Fleischmenge, besonders in den Scheren, ist im Verhältnis zu anderen Seespinnen sehr groß. Ebenfalls gut geeignet für das Gratin ist die Queen's crab. Beide Krebsarten sind in der gesamten Karibik verbreitet, hierzulande sind sie allerdings kaum zu bekommen. Als Ersatz kann das Fleisch anderer Seespinnenarten – beispielsweise der Großen Seespinne – oder des Taschenkrebses dienen.

Gemüsebananen, Christophinen, Krabben, Krebse, Frühlingszwiebeln und Chillies sind nur einige der Zutaten aus den abwechslungsreichen karibischen Küchen.

Unter der Reiskruste entwickelt sich aus dem Geschmack der verschiedenen Zutaten eine unvergleichliche Aromafülle.

100 g Frühlingszwiebeln
1 Knoblauchzehe
1 Lampion-Chili
300 g Tomaten
200 g Christophinen (Chayoten)
350 g Kochbananen
2 EL Pflanzenöl
Salz
frisch gemahlener Pfeffer nach Bedarf
500 g Fleisch von Seespinne oder Taschenkrebs
Für die Reiskruste:
200 g Langkornreis, Salz
100 g frisch geriebener Käse (Cheddar-Typ)
1/8 l Sahne
1 EL gehackte Kräuter
frisch gemahlener Pfeffer

1. Die Frühlingszwiebeln waschen, putzen und in dünne Ringe schneiden. Die Knoblauchzehe

schälen und fein hacken. Die Chilischote halbieren, Samen und Scheidewände entfernen und das Fruchtfleisch fein hacken. Die Tomaten blanchieren, häuten, Stielansatz und Samen entfernen und das Fruchtfleisch in Würfel schneiden. Die Christophinen längs halbieren, den Kern entfernen und mit einem Messer das Fruchtfleisch in 5 mm große Würfel schneiden. Die Kochbananen schälen und in Scheiben schneiden.

2. Das Öl in einer entsprechend großen Pfanne erhitzen und die Zwiebel-, Knoblauch- und Chiliwürfel darin hell anschwitzen. Die Tomaten- und Christophinenwürfel sowie die Kochbananenscheiben zugeben und vermengen. Mit Salz und Pfeffer nach Bedarf würzen. Zugedeckt 20 Minuten köcheln lassen.

3. Inzwischen für die Reiskruste den Reis in Salzwasser kochen, abseihen und abtropfen lassen. In einer Schüssel den Reis mit dem Käse, der Sahne und den Kräutern (Zitronenthymian, Petersilie, Schnittlauch) vermischen, salzen und pfeffern.

4. Das Krebsfleisch mit dem Gemüse vermischen und 2 Minuten mitdünsten. Die Mischung in eine feuerfeste Form füllen. Die Reismasse gleichmäßig darauf verteilen. Bei 200 °C im vorgeheizten Ofen 20 bis 25 Minuten überbacken.

Die halbierten Sepien zu der Gemüsemischung geben und weitere 5 Minuten köcheln lassen. Die gekochten Nudeln untermischen.

Nudelauflauf mit Tomaten und Sepien

FISCH UND GEMÜSE FRISCH VOM MARKT: DAS IST KÜCHENALLTAG IN MEXIKO.

Die Hälfte aller mexikanischen Bundesstaaten sind Meeresanrainer. Nicht verwunderlich also, daß in der mexikanischen Küche von alters her Fische und Meeresfrüchte eine große Rolle spielen. Sie werden nicht nur frisch verarbeitet, sondern auch durch Trocknen und Einsalzen haltbar gemacht. Ob für sich zubereitet oder kombiniert mit Reis, Nudeln oder Gemüse, immer werden Fische und Meeresfrüchte mit den typischen mexikanischen Gewürzen und Kräutern geschmacklich perfekt abgerundet. Der hier vorgestellte Auflauf verlangt zudem nach dem landestypischen Queso añejo, einem trockenen weißen Käse aus Kuhmilch, der sich – fein gerieben – bestens zum Überbacken eignet. Ersatzweise kann ein Pecorino romano oder notfalls auch ein Parmesan verwendet werden.

Nudeln und die geschmacklich recht neutralen Sepien vertragen bestens die intensive Würze des Knoblauchs und die Schärfe der Habanero-Chillies.

Auf manchen Märkten in Mexiko, wie hier in Cárdenas, im Bundesstaat Tabasco, ist das Angebot der einzelnen Verkäufer oft eher bescheiden. Aber die Vielzahl der Stände gewährleistet, daß doch aus einer Fülle von Waren ausgewählt werden kann.

500 g kleine Sepien, küchenfertig
100 g weiße Zwiebeln
2 Knoblauchzehen, 1 Habanero-Chili
60 g Stangensellerie
60 g Möhren, 500 g Tomaten
3 EL Pflanzenöl
Salz, frisch gemahlener Pfeffer
1 EL gehackte Petersilie
400 g Hörnchennudeln
Außerdem:
Öl für die Form
60 g frisch geriebener Queso añejo oder Parmesan
1/8 l Sahne

1. Die Sepien quer halbieren. Die Zwiebeln und die Knoblauchzehen schälen und fein hacken.

Die Chilischote halbieren, Samen und Scheidewände entfernen und das Fruchtfleisch fein würfeln. Den Stangensellerie putzen, die Möhren schälen und beide Gemüse in feine Würfel schneiden. Die Tomaten blanchieren, häuten, Stielansatz und Samen entfernen und das Fruchtfleisch würfeln.

2. Das Öl in einer entsprechend großen Pfanne erhitzen und die Zwiebel- und Knoblauchwürfel darin anschwitzen, bis sie leicht Farbe annehmen. Die Chili-, Möhren-, Stangensellerie- und Tomatenwürfel zufügen, mit Salz und Pfeffer würzen und 5 Minuten köcheln lassen. Die Petersilie einstreuen. Weiterverfahren, wie im ersten Bild oben links gezeigt.

3. In der Zwischenzeit die Nudeln in sprudelnd kochendem Salzwasser al dente garen, abseihen und gut abtropfen lassen.

4. Eine Auflaufform mit Öl ausfetten. Die Nudeln mit der Gemüse-Sepien-Mischung vermengen, wie links zu sehen ist, und in die Form füllen. Den Käse mit der Sahne vermischen und über den Auflauf gießen. Bei 180 bis 200 °C im vorgeheizten Ofen 20 Minuten überbacken.

Der spanische Einfluß ist in Mexiko nicht nur durch den Bau katholischer Kirchen wie hier in Cuernavaca, im Bundesstaat Morelos, dokumentiert. Er kommt auch im kulinarischen Sinne zum Ausdruck, etwa bei dieser gratinierten Gemüsepfanne mit Meeresfrüchten.

Gemüse und Garnelen, gratiniert

UNGEWÖHNLICH, ABER SEHR KÖSTLICH: DIE KRUSTE AUS WEISSBROTWÜRFELN UND KÄSE.

Garnelen der Handelsgröße 21-30, mit ihrem durchschnittlichen Gewicht von 16 bis 20 g pro Stück, eignen sich am besten für dieses Gericht.

80 g weiße Zwiebeln
3 Knoblauchzehen
400 g grüne Paprikaschoten
400 g gelbe Zucchini
600 g Garnelenschwänze, mit Schale
2 rote Chilischoten
3 EL Pflanzenöl
Salz, frisch gemahlener schwarzer Pfeffer
Saft von 1 Limette
1 EL gehacktes Koriandergrün
Für die Kruste:
150 g Weißbrot ohne Rinde
80 g frisch geriebener Chihuahua oder Manchego
1 EL gehacktes Koriandergrün, 1/8 l Sahne

Eine Paellapfanne ist das ideale Behältnis für dieses Gratin.

1. Die Zwiebeln und den Knoblauch schälen und fein hacken. Von den Paprikaschoten Samen und Scheidewände entfernen. Von den Zucchini Blüten- und Stielansatz entfernen. Das Fruchtfleisch der Paprikaschoten und Zucchini in 1 cm große Würfel schneiden.

2. Die Garnelen bis auf das letzte Segment und den Schwanzfächer schälen. Die Chilischoten halbieren, Scheidewände und Samen entfernen und das Fruchtfleisch würfeln.

3. Das Öl in einer Pfanne erhitzen und die Zwiebel- und Knoblauchwürfel darin hell anschwitzen. Die Paprika- und Zucchiniwürfel 5 Minuten mitdünsten. Die Garnelen zugeben, mit dem Pfannenwender untermischen und 2 Minuten mitgaren. Mit den Chiliwürfeln, Salz, Pfeffer, Limettensaft und Koriandergrün würzen und alles gut miteinander vermengen.

4. Für die Kruste das Weißbrot in etwa 1 cm große Würfel schneiden. In einer Schüssel die Brotwürfel mit dem Käse, dem Koriandergrün und der Sahne vermischen und über die Gemüse-Garnelen-Mischung verteilen. Bei 180 °C im vorgeheizten Ofen 15 bis 20 Minuten überbacken.

Tamal-Gratin mit Salsa mexicana

EIN TYPISCH MEXIKANISCHES GERICHT, SERVIERT MIT EINER FEURIGEN SAUCE.

Tamal, die Basis dieses Gerichts, ist eine Masse aus Maismehl, Fett und Wasser.

Für die Tamalmasse:
200 g Maismehl, 3/8 l kaltes Wasser zum Anrühren
1/2 TL Salz, 3/4 l Wasser zum Quellen
50 g Butter, in Flöckchen
Für die Gemüse-Fleisch-Mischung:
100 g Zwiebeln, 1 Knoblauchzehe
2 rote scharfe Chilischoten
1 milde grüne Chilischote
80 g Stangensellerie
300 g Tomaten, 2 Maiskolben
2 EL Pflanzenöl, 200 g Bratwurstbrät
1/4 TL frisch gemahlener Kreuzkümmel, Salz
300 g Hackfleisch vom Rind
Für die Salsa mexicana:
100 g Zwiebeln, 250 g Tomaten, 4 Serrano-Chillies
1 EL gehacktes Koriandergrün
Salz, 1 EL Limettensaft
Außerdem:
Butter für die Form
40 g entsteinte schwarze Oliven, in Scheiben
80 g frisch geriebener Monterey
60 g frisch geriebener Parmesan
20 g zerlassene Butter, 1 TL gehackte Petersilie

Mais spielt in der mexikanischen Küche eine zentrale Rolle. Hier in Kombination mit einer Mischung aus Gemüse und Fleisch.

1. Für die Tamalmasse das Maismehl mit dem kalten Wasser anrühren, salzen. In 3/4 l kochendes Wasser einfließen lassen und unter Rühren aufkochen. Die Butterflöckchen untermischen, zudecken und bei geringer Hitze 35 Minuten köcheln lassen. Dabei gelegentlich umrühren.

2. Zwiebeln und Knoblauchzehen schälen und fein hacken. Die Chilischoten halbieren, Samen und Scheidewände entfernen und fein hacken. Den Sellerie putzen und in kleine Würfel schneiden. Die Tomaten blanchieren, häuten, Stielansätze und Samen entfernen und in 1 cm große Stücke schneiden. Von den Maiskolben die Hüllblätter und Fäden entfernen und die Körner mit einem scharfen Messer abschneiden.

3. Das Öl in einer Pfanne erhitzen und das Bratwurstbrät darin krümelig braten. Die Zwiebel- und Knoblauchwürfel kurz mitbraten. Mit den roten Chiliwürfeln, Kreuzkümmel und Salz würzen. Das Hackfleisch zugeben und unter gelegentlichem Rühren etwa 5 Minuten mitbraten. Die Sellerie-, die grünen Chiliwürfel und die Tomatenstücke zufügen und unter gelegentlichem Rühren weitere 5 Minuten mitgaren. Die Maiskörner zu der Tomaten-Fleisch-Mischung geben und alles 15 Minuten weiterdünsten.

4. Eine feuerfeste Form mit Butter ausfetten und 2/3 der Tamalmasse darin verteilen. Die Gemüse-Fleisch-Mischung einfüllen und mit den Olivenscheiben belegen. Mit dem Monterey bestreuen. Die restliche Tamalmasse darüber verstreichen. Den Parmesan darüberstreuen, mit der zerlassenen Butter beträufeln. Bei 180 °C im vorgeheizten Ofen 25 Minuten überbacken.

5. Für die Salsa mexicana die Zwiebeln schälen und fein hacken. Die Tomaten waschen, Stielansätze und Samen entfernen und das Fruchtfleisch würfeln. Die Chillies halbieren, Samen und Scheidewände entfernen und das Fruchtfleisch fein hacken. Zwiebel-, Tomaten- und Chiliwürfel in einer Schüssel vermengen und mit Koriandergrün, Salz und Limettensaft würzen.

6. Das Gratin aus dem Ofen nehmen, mit Petersilie bestreuen. Die Salsa separat dazu reichen.

Die richtigen Formen sind von großer Bedeutung für das Gelingen, denn Aufläufe, Gratins und Soufflés brauchen unterschiedliche feuerfeste Geschirre ohne Deckel. Gratins werden in flachen, Aufläufe in hohen Formen gebacken. Soufflés dagegen verlangen immer nach hohen und – ganz wichtig – geradwandigen Formen, damit die Masse perfekt aufgehen kann. Darüber hinaus gibt es verschiedene Geräte und Hilfsmittel, die bei speziellen Zubereitungen zu einem optimalen Ergebnis führen und die Arbeit erleichtern. Diese Übersicht bietet eine repräsentative Auswahl.

1 Quicheformen
2 Ovale Auflaufformen
3 Ovale Gratinformen
4 Rechteckige Auflaufformen
5 Souffléform mit 1/2 l Inhalt
6 Souffléform mit 1 l Inhalt
7 Pergamentpapier
8 Aluminiumfolie
9 Backpinsel
10 Portionsförmchen für Soufflés
11 Portionsförmchen für Gratins

1 Schneekessel aus Edelstahl mit Rührschüsselring

2 Mixaufsatz für die Küchenmaschine

3 Rührschüsseln aus Kunststoff

4 Wiegemesser

5 Schneidbretter

6 Stielkasserollen

7 Verschiedene Gemüse- und Käseraspeln

8 Zitruspresse

9 Siebe in verschiedenen Größen

10 Teigschaber aus Kunststoff und Metall

11 Kartoffelpresse

12 Zesteur (Fadenschneider) zum Abziehen feinster Zitrusstreifen

13 Pendelschäler

14 Spargelschäler

15 Schneebesen

16 Palette

17 Winkelpalette

18 Gemüsemesser

19 Kochmesser

20 Gummispatel

21 Holzlöffel zum Unterheben

Register

Warenkundliche sowie verarbeitungstechnische Informationen sind kursiv geschrieben. Alle anderen Stichwörter beziehen sich auf die Rezepte.

Impressum

WIR DANKEN

allen, die durch ihre Beratung, Hilfe und tatkräftige Unterstützung zum Gelingen dieses Buches beigetragen haben:
Boucherie-Charcuterie Haubensack Frères, Sélestat, Frankreich; Firma Slogan immagine e comunicazione, Herrn Edoardo Ferrarini, Bologna, Italien; Herrn Ashley G. Garrett, Ocho Rios, Jamaika; Frau Maureen Henry, Ocho Rios, Jamaika; Institut für Milchwirtschaftliche Qualitätsfragen, Herrn Dr. Mair-Waldburg, Kempten; Jamaica Trade Commission, Frau Debra Heron, Brüssel, Belgien.

BILDNACHWEIS

S. 116/1 Foto: Fremdenverkehrsbetriebe der Stadt Salzburg, Salzburg Information, Salzburg, Österreich.

Produkt- und Bildbeschaffung Angelika Mayr, Pascale Veldboer
Kochstudio Barbara Mayr (Rezeptentwicklung)
Christine Sontheimer, Walburga Streif, Helena Brügmann
Fotografie Christian Teubner, Odette Teubner,
Christoph Tumler, Katharina Ziegler, Bettina Gousset
Redaktion Dr. Ute Lundberg (oec.troph.), Inken Kloppenburg,
Pascale Veldboer, Veronika Storath, Katrin Wittmann
Layout/DTP Christian Teubner, Gabriele Wahl
Herstellung Gabriele Wahl
Reproduktion Studio Europa, Trento, Italien
Druck Dr. Cantz'sche Druckerei, GmbH & Co., D-73760 Ostfildern

Auflage	6.	5.	4.	3.
Jahr	2004	2003	2002	2001

ISBN 3-7742-2813-2